Johann Joseph Most

Die sozialen Bewegungen im alten Rom und der Cäsarismus

Johann Joseph Most

Die sozialen Bewegungen im alten Rom und der Cäsarismus

ISBN/EAN: 9783743492561

Hergestellt in Europa, USA, Kanada, Australien, Japan

Cover: Foto ©ninafisch / pixelio.de

Weitere Bücher finden Sie auf **www.hansebooks.com**

Die Socialen Bewegungen im alten Rom und der Cäsarismus.

Von

Joh. Most.

Berlin.
Druck und Verlag der Allgemeinen Deutschen Associations-Buchdruckerei.
Eingetragene Genossenschaft.

Vorbemerkung.

Der Zweck des vorliegenden Werkchens kann, wie ersichtlich sein wird, nicht darin bestehen, den wissenschaftlichen Historismus zu bereichern, vielmehr verdankt dasselbe in erster Linie dem Umstande sein Entstehen, daß bis jetzt die fragliche Materie in popolärer Weise vom socialdemokratischen Standpunkte aus noch nicht behandelt wurde, obgleich dieselbe, namentlich für die innerhalb der modernen Arbeiterbewegung thätigen Kräfte höchst lehrreich ist.

Vor einiger Zeit behandelte ich den nämlichen Stoff in einer Reihe von Vorträgen, bei denen nebenbei die tendenziösen Entstellungen der altrömischen Geschichte durch den Professor Mommsen eine angemessene kritische Beleuchtung erfuhren — ein Verfahren, welches fast die ganze „liberale" und conservative Presse Deutschlands mir so sehr verübelte, daß sie, weit entfernt, irgendwie an eine Widerlegung meiner Ausführungen heranzutreten, mich in unzähligen Notizen und Artikeln zu bewitzeln und zu verunglimpfen versuchte. Indem ich mich damit begnüge, dies an dieser Stelle zu constatiren, gehe ich über Mommsen nebst Anhang zur Tagesordnung über.

Berlin, im Februar 1878.

J. Most.

Inhalts-Verzeichniss.

I.

Der Grundcharakter der Römer.

Wir wissen wenig von der Geschichte der meisten alten Kulturvölker, und das Wenige, was uns auf diesem Gebiete zur Verfügung steht, ist ganz verschwommener Natur und daher meist nicht geeignet, Klarheit über das Wesen jener Gesellschaften zu verbreiten, deren totaler Zerfall unwillkürlich zu tiefem Nachdenken herausfordert. Die platte Frivolität unserer Tage bringt es freilich fertig, über solche gewaltige Thatsachen mit einer billigen Auskunft hinwegzugehen; aber für Diejenigen, welche sich vor Blasirtheit bewahrt haben, und die gewohnt sind, von großen Wirkungen aus auf große Ursachen zu schließen, genügt kein Gemeinplatz. Wer die Geschichte nicht als unterhaltliche Notizensammlung auffaßt, kann sich nicht bei der oberflächlichen Annahme beruhigen, als hätten lediglich Kriege und andere „Zufälligkeiten" den verschiedenen Staaten des Alterthums den Garaus gemacht. Die Geschichte der griechischen und römischen Welt zeigt übrigens auch, wo der Stein des Anstoßes liegt, über den alle alten Völker gestrauchelt sind, indem die Lebensschicksale der Griechen und Römer nicht nur auf sie, sondern auch auf die übrigen zeitgenössischen Völker Licht genug werfen, um die Krankheiten erkennen zu lassen, denen sie sammt und sonders erlagen. Der gemeine Name für alle diese Uebel heißt: Sociale Frage! —

Bei allen alten Kulturstaaten war die Sklaverei eingeführt und so fest begründet, daß es geradezu für Verrücktheit gegolten hätte, wenn Jemand deren gesetzliche Abschaffung gefordert hätte. Aristoteles sagte z. B., nur dann könne die Sklaverei entbehrt werden, wenn sich die Werkzeuge (er sprach speziell von den Webeschifflein) von selbst in Bewegung setzten. Daß aber bei Sklavenwirthschaft früher oder später schreckliche Verwirrungen im Staatsleben einreißen müssen, das zeigen uns auch diejenigen Staaten, wo das häßliche Institut bis auf unsere Tage bestanden hat, resp. noch besteht. Im Alterthum gesellte sich zu diesem einen Uebel noch ein zweites: die zunehmende Concentration des Eigenthums und die damit von selbst gegebene Proletarisirung der (freien) Volksmassen. Und gerade dieses letztere Moment war für den

Zerfall der Gesellschaft am meisten begünstigend — eine Thatsache, die Angesichts der rapid von Statten gehenden Gütercentralisation der Gegenwart nicht genug beherzigt werden kann.

So lange in einigen Staaten Griechenlands unter den Freien ein zahlreicher Mittelstand vertreten war, der zugleich das Staatsregiment in demokratischer Weise führte, machte die Kultur Fortschritte, sobald aber die Reichen ans Ruder gekommen waren, ging es zusehends bergab, und die Corruption griff wie ein fressendes Geschwür um sich. „Gold und Silber", sagt Bücher, „waren mächtige Götter geworden in Hellas. Für Geld ward, je länger, je mehr, Allen Alles feil: dem Philosophen seine Weisheit, dem Redner seine Zunge, dem Staatsmann sein Einfluß, dem Gesandten sein Mandat, dem Richter sein Eid, dem Feldherrn sein Ruhm, dem Soldaten sein Arm, dem souveränen Volke seine Wahlstimme, Vielen Vaterland und Freiheit. Alles, was den Vätern groß und schön und verehrungswürdig erschienen war, verwitterte in dieser zersetzenden Luft, und nichts blieb zurück, als maßlose Selbstsucht und Haschen nach Genuß und all' die geistreiche Sophistik, mit welcher man die schaale Speise des Lebens genießbar zu machen suchte."

Aber viel gründlicher als in Griechenland ward der Egoismus in Rom ausgebildet, ja man kann sagen, hier hatte er sich von Uranfang an in einer ekelerregenden Weise breit gemacht; daher kann aber auch Rom als abschreckendstes Beispiel für alle modernen Cultur-Staaten angeführt werden; denn hier hat die Geldaristokratie am nichtswürdigsten gehaust und damit den Anstoß zu jenen entsetzlichen Bürgerkriegen gegeben, die zur Säbelherrschaft und zum völligen Staatsruin geführt haben. Und die Rechtsprincipien der Römer, weit entfernt, als unsittlich und durchaus verwerflich gebrandmarkt zu werden, gelten in der heutigen Zeit als Ideal aller Juristerei! Kann es etwas Bezeichnenderes für unsere Gesellschaft geben? Sogar Mommsen, ein gewiß nicht im Geruche des Radikalismus stehender Historiker, läßt sich über das „Recht" der Römer folgendermaßen aus: „Man pflegt die Römer als das zur Jurisprudenz privilegirte Volk zu preisen und ihr vortreffliches Recht als eine mystische Gabe des Himmels anzustaunen, vermuthlich besonders um sich die Scham zu ersparen, über die Niederträchtigkeit des eigenen Rechtszustandes. Ein Blick auf das beispiellos schwankende und unentwickelte römische Criminalrecht könnte von der Unhaltbarkeit dieser unklaren Vorstellungen auch Diejenigen überzeugen, denen der Satz zu einfach scheinen möchte, daß ein gesundes Volk ein gesundes Recht hat und ein krankes ein krankes."

Die ersten Jahrhunderte der römischen Geschichte sind in das Dunkel der Sage gehüllt; doch läßt sich nicht verkennen, daß schon bei der römischen Bauerngemeinde, an deren Spitze ein „König" und ein „Senat" standen, äußerst brutale Grundsätze herrschten, die später, als die „vornehmen Geschlechter" oder Patricier unter angeblicher Führung von Brutus dem Aelteren das Königthum abschafften und eine aristokratische Verfassung unter der Firma „Republik" schufen, keine Besserung erfuhren. Der Despotismus kam in jeder einzelnen Familie zur Geltung. Dem allmächtigen Willen des Hausvaters gegenüber war Alles rechtlos, was innerhalb des Hauses stand, „der Stier und der Sklave, aber nicht minder Weib und Kind". Der Hausvater übte über alle Hausgenossen richterliche Gewalt aus und konnte an Leib und Leben strafen ganz nach freiem Ermessen. Der Grundbesitz war zuerst nicht ganz individuell vertheilt, vielmehr trieben die Geschlechter, welche aus je zehn Familien bestanden, den Anbau gemeinschaftlich und vertheilten nur den Ertrag; nach und nach gestaltete sich aber der individuelle Grundbesitz immer entschiedener, ja es kam durch Erbschaften zc. bald dahin, daß einzelne Familien so große Grundstücke erwarben, daß sie dieselben nicht mehr selbst anbauen mochten, sondern gegen eine Abgabe vom Ertrage verpachteten. Die Weide war Anfangs sogar Staatseigenthum, jedoch stand nur den Bürgern das Nutzungsrecht zu, und es mußten Abgaben für den Gebrauch entrichtet werden. Eine eigentliche Großwirthschaft war in der älteren Zeit jedenfalls schon deshalb nicht möglich, weil es an den nöthigen Arbeitskräften — den Sklaven — noch gemangelt haben mag. Nicht, daß man die Sklaverei überhaupt nicht gekannt hätte, diese erscheint vielmehr bei allen italischen Völkern schon sehr frühzeitig als sociale Institution, und über ein Zeitalter, wo es bei diesen keine solche Einrichtung gab, weiß die Geschichte nichts zu berichten. Dagegen scheint es an der hinlänglichen Menge, wie sie der spätere Großbetrieb erheischte, gefehlt zu haben. Ob es daneben auch „freie" Arbeiter gab, darüber streiten sich die Historiker; gewiß ist nur, daß außer den Sklaven viele Personen existirten, die unter allerlei Formen in Knechtschaftsverhältnissen schmachteten. So gab es zahlreiche Hörige, allerlei Leute, die sich entweder irgendwo geflüchtet hatten und bei den Römern Schutz suchten, oder die sonst ein Mißgeschick mittellos gemacht hatte. Von diesen wird berichtet, daß sie sich „freiwillig" irgend einer Familie anschlossen, daß man sie nicht als Sklaven ansah, wohl aber sklavenmäßig behandelte. Sie wurden oft „freigelassen", resp. fortgeschickt; da sie aber kein Besitzthum hatten, so mußten sie alsbald wieder ein neues Joch aufsuchen.

Ein Römer konnte nicht direkt zum Sklaven gemacht werden, doch gab es verschiedene Verhältnisse, unter denen auch ein Solcher für längere oder kürzere Zeit der Knechtschaft überantwortet werden konnte. Der Familien-Despotismus brachte es mit sich, daß der Vater den Sohn zur Strafe einem Dritten als Knecht zuweisen durfte. Und der König, der über den Staat ebenso absolut herrschte, wie der Hausvater über die Familie, spielte den Richter über Leben und Tod und hatte u. A. auch die Befugniß, Jemanden dadurch zu bestrafen, daß er ihn als Sklaven an einen anderen Staatsbürger oder ans Ausland verkaufen ließ. Die obgedachten Hörigen (Clienten) besaßen keine Gemeinderechte und unterstanden nur der königlichen Gewalt. Der König ließ ihnen auch zuweilen seinen Schutz angedeihen, wenn sie von den Bürgern zu sehr bedrückt wurden; dies geschah jedoch nicht ohne Hintergedanken. Da die Könige bei den Bürgern, namentlich bei den „vornehmeren" Geschlechten, den Patriciern, oft auf Opposition stießen, so lag es in ihrem Interesse, mitunter mit den Clienten zu coquettiren und sich so eine Art Knittelgarde zu schaffen. Derartige Manöver verfehlten selten ihren Zweck. Die Clienten erblickten im König ihren Schutzherrn und dienten ihm eifriger als die Bürger.

Neben den mittellosen Fremden existirten auch bemittelte. Diesen wurde mit der Zeit gestattet, Grundbesitz zu erwerben; man zog sie

1*

auch zu den Steuern und schließlich sogar zum Heeresdienste heran. Leute ohne Grundbesitz nannte man Proletarier (Proletarii = Kinderzeuger.) Begab sich ein Fremder nicht unter Schutzverwandschaft, d. h. schloß er sich nicht einem römischen Bürger an, so war er rechtlos. Später nannte man die Schutzverwandten Plebejer. Politische Rechte haben dieselben erst mit Abschaffung des Königthums erlangt, immerhin nur in sehr beschränkter Form. Doch davon im nächsten Kapitel.

Nach Außen hin kündigten sich die Römer alsbald als wahre Räuber an. Eine Nachbargemeinde nach der andern haben sie überfallen und vergewaltigt. Was sie Anfangs im Kleinen trieben, das verübten sie späterhin in immer großartigerem Maßstabe. Alle jene angeblichen Tugenden der Römer, von denen so viel Aufhebens gemacht wird, waren nur Aeußerungen maßlosester Raubgier, der sie nöthigenfalls Leib und Leben aufopferten.

Die römische (Staats-) Religion war wie geschaffen zum Herrschaftsinstrument; denn sie wirkte auf die leichtgläubige Menge sinnverwirrend und einschüchternd. Der Grieche Polybios sagte, daß das wunderliche und schwerfällige römische Religionsceremoniell einzig der Menge wegen erfunden sei, die, da die Vernunft nichts über sie vermöge, mit Zeichen und Wundern beherrscht werden müsse, während verständige Leute allerdings der Religion nicht bedürften; klug seien einmal nicht alle Leute und für die Dummen sei der religiöse Glauben ganz angemessen. (Bekanntlich hat sich der deutsche Professor v. Treitschke über das heutige Religionswesen ganz ähnlich ausgesprochen!) Aus dem Fluge der Vögel, aus der Beschaffenheit der Eingeweide der Opferthiere u. s. w. wollten die römischen Pfaffen, Auguren genannt, die kommenden Ereignisse errathen; und so stand der Schwindel in jeder Beziehung. Späterhin wurde es sprüchwörtlich, daß sich zwei Auguren nicht anzusehen vermöchten ohne zu lachen!

In Kürze lassen sich die Dinge, wie sie im römischen Staate von vornherein lagen, folgendermaßen charakterisiren: Die Bauern der ursprünglichen römischen Gemeinde verfolgten das Princip, in der Nachbarschaft Grund und Boden und was sonst noch zu erlangen war, zu stehlen, die bestohlenen Nachbarn selbst aber theils ums Leben zu bringen, theils als „Fremde“, als ihre „Unterthanen“ zu behandeln. Die Altbürger bildeten also eine wohlorganisirte Räuberbande; und je mehr Einer stahl, desto mehr kam er zu Ansehen; die reichsten Familien, d. h. Diejenigen, welche aus den Raubzügen das Meiste herausgeschlagen hatten, galten als „vornehme Geschlechter,“ als Patricier. Dieser Adel hatte zu allen Staatsämtern Zutritt und hielt mit der größten Zähigkeit an seinen Vorrechten fest. Die späteren christlich-germanischen Junker wußten sich das saubere Vorbild prächtig nutzbar zu machen; und je mehr das römische „Recht“ (gegen Ausgang des Mittelalters) in den europäischen Feudalstaaten Eingang fand, desto unverschämter wurden auch die Adeligen, deren einziger Beruf darin bestand, den Bauern das Mark aus den Knochen zu saugen und die also erworbenen Schätze zu verprassen. In der neuesten Zeit hatte sich jenseits des Oceans, in den Vereinigten Staaten von Nordamerika, eine ähnliche Erscheinung bemerkbar gemacht. Die Sklavenbarone des Südens glichen in ihren Grundsätzen den altrömischen Patriciern, wie ein Ei dem andern; und nur der rechtzeitigen Aufraffung des Nordens und der energischen Zerschmetterung des Sklavenhalter-Bundes hat man es zu verdanken, daß im fernen Westen keine Wiederholung der römischen Geschichte mit erhöhten Gräueln zum Austrage gebracht werden konnte.

Ins Einzelne einzudringen, war hier noch nicht am Platze; im weiteren Verlaufe der Darstellung wird sich zeigen, welche gehässige Klassenherrschaft in Rom ihr Wesen trieb; denn jedes Blatt der römischen Geschichte ist mit irgend einer Barbarei besudelt, welche die Großgrundbesitzer, denen später auch Wucherer und Schacherer sich zugesellten, mit bestialischer Rohheit und einem wahrhaft fanatischen Erwerbs- und Herrschsuchts-Eifer sich zu Schulden kommen ließen.

II.

Patricier und Plebejer.

War die Sklaverei von vornherein eine traurige Einrichtung, so dauerte es in Rom doch verhältnißmäßig lange, bis die Sklavenfrage brennend wurde und zu Aufständen führte. So lange es keinen wirklichen Großbetrieb beim Ackerbau gab, waren eben die Sklaven viel zu sehr vertheilt und wohl auch im Ganzen genommen viel zu minderzählig, als daß sie es wagen konnten, an ihre Befreiung zu denken. Mitunter mag überdies ihre Behandlung in den früheren Perioden besser gewesen sein, als später, während andererseits ihre „Herren" noch keinen allzu großen Luxus trieben und demgemäß ihre Lage nicht durch schroffe Lebenskontraste beleuchtet wurde, wie es nachmals der Fall war. Es wird daher gut sein, wenn jener Theil der socialen Frage Roms, der sich speciell auf die Sklaverei bezieht, erst später besprochen wird. Vorerst muß eine andere Misere erörtert werden, die Grund- und Boden-Frage, bei welcher vornehmlich die Patricier und Plebejer als streitende Parteien im Vordergrunde stehen. Die Sklavenfrage kam bei den diesbezüglichen Kämpfen gar nicht in Betracht, indem die Plebejer der Sklaverei ebenso zugethan waren und sie für ebenso selbstverständlich erachteten, wie die Patricier, was freilich ein grobes Mißkennen der Sachlage bekundet und eine gewisse vorurtheilsvolle Beschränktheit auf Seiten der Plebejer umso schärfer hervortreten läßt, als die Thatsache, daß die Sklaverei nur den reichen Großgrundbesitzern mehr und mehr zu Gute kam, förmlich auf der Hand lag. Leider scheint übrigens eine derartige Kurzsichtigkeit den Kleinbürgern stets eigen zu sein, wie man auch heutzutage sehen kann, wo bekanntlich nur die aufgewecktere Minderheit der Kleingewerbtreibenden in den Lohnarbeitern ihre natürlichen Bundesgenossen im Kampfe gegen das Großkapital erblickt, während die Masse unserer Spießbürger einen gewissen fanatischen Haß gegen alle Arbeiter-Bestrebungen an den Tag legt. Hätten die Plebejer die Sklavenemancipation auf ihre Fahne geschrieben, so würde die Patricier-Herrschaft leicht besiegt worden sein, so aber konnte die herrschende Klasse bald die

Plebejer, bald die Sklaven, wenn sie sich erhoben, niederschmettern. Am nachtheiligsten war es aber für die Plebejer, daß sie sich immer und immer wieder zu Compromissen mit der Patricierschaft herbeiließen, trotzdem gerade deren Geneigtheit zu einem Abkommen den Ersteren als Beweis dienen mußte, daß ihre Gegner selbst die Hoffnung aufgaben, mit Gewalt ihren Willen durchzusetzen, und daß dieselben mithin zu bezwingen waren. Jede Klasse oder Partei, die mit sich handeln läßt und große Principien für kleine Rechte hingiebt, wird stets die Erfahrung machen, daß sie gegnerischerseits betrogen wird. Diese Erfahrung machten auch die Plebejer wiederholt, und als sie sich endlich zu energischem Handeln aufrafften, war es zu spät. Untergruben sie auch die Herrschaft ihrer Gegner, so konnten sie es doch nicht hindern, daß eine neue Macht auf ihren Schultern empor stieg, die, je nach den Verhältnissen, bald mit dieser, bald mit jener Seite liebäugelte, im Großen und Ganzen aber Alle mit eiserner Faust tyrannisirte. Statt zur Freiheit, zur Demokratie, zu führen, rief auf solche Weise der Plebejerkampf den Cäsarismus hervor. Nach diesen Vorbemerkungen wird es dem Leser leicht sein, die nun zu besprechenden Thatsachen richtig aufzufassen.

Zur Zeit, wo in Rom das Königthum abgeschafft wurde (etwa 510 Jahre vor Beginn der jetzigen Zeitrechnung), zählte man nur 136 Adels- oder Patricier-Geschlechter, während die Plebejer, von denen sich Einige im Besitze eines beträchtlichen Vermögens befanden, äußerst zahlreich waren. Dieser Umstand zwang die Patricier, welche sich ohne Weiteres die Staatsgewalt anmaßten, einige Concessionen an die Plebejer zu machen, zumal sie deren Hülfe bei den fortwährenden Kriegen nicht entbehren konnten. Aber diese Reformen waren für das Volk von geringem Werthe und wurden obendrein durch andere Neuerungen schlimmer Art weit aufgewogen. In den gesetzgebenden Körper, den Senat, sollten im Allgemeinen nach wie vor nur Patricier eintreten können, jedoch durfte das Volk die Senatoren wählen. Nach und nach zogen indeß die Patricier auch Plebejer zum Senat heran, allein nur die Wohlhabendsten. Dies war ein sehr schlauer Kniff; denn die reichen Plebejer wurden so dem Volke entfremdet; man schmeichelte ihrem Ehrgeiz und machte sie gewissermaßen unschädlich, ähnlich, wie heutzutage die Bourgeoisie durch Titel, Würden 2c. unschädlich gemacht wird. Wie aber unsere Junker sich über die hoffähigen Bürgerlichen lustig machen, so wurden auch die plebejischen Senatoren nur mit ironischer Herablassung Seitens der Altbürger behandelt und wohl auch verhöhnt. Man nannte sie „Zugezogene", und da sie nur berathende Stimmen hatten, so pflegten die Patricier von ihnen zu sagen, abstimmen können sie „mit den Füßen". Aber solcher Spott genirte die Emporkömmlinge nicht; sie spielten ja immerhin eine Rolle und fühlten sich deshalb hoch über ihre Standesgenossen erhaben. An der Spitze des Staates standen zwei Consuln, die durch die gesammte Bürgerschaft aus den Reihen der Patricier alljährlich zu wählen waren, — eine Einrichtung, die mehr und mehr zu den unerhörtesten Bestechungen, zu einem allgemeinen Stimmenhandel und damit zur scheußlichsten Corruption führte. Die Zweizahl hatte man gewählt, weil man glaubte, damit der Anmaßung königlicher Gewalt durch einen Einzelnen einen Riegel vorzuschieben. Für außerordentliche Ereignisse wurde indeß auf kürzere Zeit mitunter ein Diktator eingesetzt, als ob man den späteren Cäsaren Vorbilder schaffen wollte. Die Autorität der Consuln ähnelte derjenigen der früheren Könige nicht unbedeutend, wenn auch einige Abzeichen in Wegfall gekommen waren. Einige Angelegenheiten wurden zwar der allgemeinen Volksversammlung unterbreitet, aber mit diesen Abstimmungen hielt man es nicht viel besser, als zu allen Zeiten, wo einzelne Tyrannen oder Herrscher-Cliquen mit dem Volke ein frevelhaftes Spiel trieben. In allen wesentlichen Dingen that der Senat, was er wollte.

Bei einer Abspeisung der Plebejer mit politischen Scheinrechten blieb es aber nicht, vielmehr wurden dieselben auf socialem Gebiete nun erst recht in die Enge getrieben. Der Erwerbung von Grundbesitz durch Plebejer wurden immer größere Schwierigkeiten in den Weg gelegt. Die Domänen überließ der Senat nur den Reichen und nahm nur wenig Pacht, zuletzt sogar gar keinen mehr. Mit den Gemeindeländereien, den Weiden, verfuhr er ähnlich; er machte es in dieser Beziehung, wie später die englische Lordschaft, die sich bekanntlich auch die Staats- und Gemeindeländereien in die Hände zu spielen wußte. Endlich sprach der patricische Senat auch die eroberten Ländereien fast ausschließlich seinen Standesangehörigen zu. Während auf diese Weise die Staatseinkünfte aus dem Grund und Boden sich zusehends verringerten, kamen andere Steuern immer mehr in Aufschwung und wurden die ärmeren Bürger unerbittlich dazu herangezogen. Und um auch noch bei der Steuererhebung den besitzenden Klassen das Profitmachen, resp. die Volksausbeutung, zu ermöglichen, verpachtete man die Steuern an Kapitalisten-Gesellschaften. Richtete dies Alles aber die kleinen Grundbesitzer noch nicht zu Grunde, so gab ihnen der Wucher den Rest. Die Reichen borgten den Armen kleine Beträge zu hohen Zinsen (oft bis zu 100 Procent), wodurch die Letzteren selbstverständlich nach und nach dem Ruin zugeführt wurden. Entweder wurde ihnen schließlich von den habgierigen Gläubigern, deren unerhörten Forderungen sie natürlich nicht Genüge leisten konnten, Hab und Gut abgepfändet, oder sie mußten, falls man sie fortwirthschaften ließ, sich dazu verstehen, alle Erträgnisse ihrer Thätigkeit, die über den nothdürftigsten Lebensunterhalt hinausgingen, den Geldhamstern auszuhändigen. Alle diese Verhältnisse verdrängten die plebejischen Kleinbauern allmälig und förderten die Interessen der Großgrundbesitzer. Gleichzeitig lieferten die beständigen Kriege billige Sclaven und ermöglichten es auf diese Weise, daß die Großwirthschaft mit Sclaven-Ausbeutung mehr und mehr in Aufschwung kam. Wenn daher die verarmten Plebejer einerseits von Haus und Hof gedrängt wurden, so war ihnen andererseits auch meist nicht einmal die Möglichkeit gegeben, sich als „freie Arbeiter“ zu verdingen.

Schon etwa 25 Jahre nach der Errichtung der sogenannten „Republik“ war die Lage der Plebejer eine so bedenkliche geworden, daß sie ihre Zuflucht zu einem Streitmittel nahmen, das von den geknechteten Volksmassen auch heutzutage noch oft in Anwendung kommt, — sie machten Strike! Als nämlich ein Krieg ausbrach und alle Wehrfähigen aufgeboten wurden, da verweigerten die Armen den Gehorsam und ließen sich nur dadurch zum Kampfe bewegen, daß der Eine von den beiden Consuln die Schuldgesetze, resp die Bezahlung der Zinsen 2c. vorläufig inhibirte. Kaum war jedoch durch die Tapferkeit der Plebejer der Sieg errungen, so nahm der andere Consul die Maßregel, hinsichtlich der Schuldgesetze wieder zurück! Hier zeigte es sich, wie bequem die Einrichtung mit dem Doppelconsulate für die Herrschenden unter Umständen sein konnte. Der Eine Consul versprach dem Volke Etwas oder ordnete auch vielleicht das Verlangte an, während der Andere die ganze Sache wieder rückgängig machte; so war nicht einmal die Begehung eines Wortbruchs nöthig, wie sie in späteren Zeiten oft von Fürsten beliebt worden ist.

Ein Jahr später sollten die Plebejer abermals Kriegsdienste leisten und zwar unter einem Diktator (Valerius). Dieser besaß, wie die Historiker behaupten, so ziemlich das Vertrauen des Volkes, daher ließ sich dasselbe nochmals bewegen, von der Verweigerung des Kriegsdienstes abzustehen, jedoch nur unter der Bedingung, daß einige der schreiendsten Uebelstände abgestellt würden. Valerius gab das Versprechen, dahin wirken zu wollen, und abermals stritten die Plebejer siegreich. Der Senat wollte jedoch nachträglich nichts von Reformen wissen. Da zog das Volk, welches noch nicht die Waffen vom letzten Feldzuge abgelegt hatte, auf einen in der Nähe der Stadt gelegenen Hügel, den sogenannten „heiligen Berg", verschanzte sich, wählte einen Heerführer und stand eben im Begriff, gegen den Senat energische Maßregeln zu ergreifen, als eine Deputation erschien, welche derselbe abgesandt hatte. Gutmüthig, wie das Volk immer ist, ließ es sich von den glattzüngigen Senatoren nochmals zum Nachgeben bereden. Namentlich brachte dies der Senator Menenius Agrippa zu Wege, der die Fabel von dem Magen erzählte, gegen welchen die übrigen Glieder sich verschworen hätten, weil er allein Alles verzehre, worauf der ganze Körper verhungert sei. Damals, wie heute, war eben mit Spitzfindigkeit Manches auszurichten. Indeß mußten immerhin einige Concessionen gemacht werden. Und diesmal blieb es auch nicht gänzlich bei dem leeren Versprechen; der Senat war sich zweifellos völlig klar darüber, daß die ganze patricische Sippschaft übel weggekommen wäre, wenn das Volk mit der Waffe in der Hand vom „heiligen Berg" in die Stadt hinabgestiegen wäre. Er war froh, daß die Plebejer nicht zur vollen Erkenntniß ihrer Macht gekommen waren und suchte den Sturm zu beschwichtigen. Die Schulden der Unvermögenden wurden getilgt, die Schuldknechte freigegeben. Auch ward eine Institution gegründet, durch welche den Plebejern Schutz zu Theil werden sollte, nämlich das Volkstribunat.

III.

Das Volkstribunat.

Tribunen gab es bisher schon beim römischen Kriegsheere; sie waren so zu sagen Officiere, Führer. Nach dem neuen Gesetze wurden nun auch bürgerliche Tribunen, Volksführer, eingesetzt. Zunächst gab es deren zwei, die gleichsam ein Gegenstück zu den beiden patricischen Consuln bildeten, deren Macht jedoch nur in einigen Punkten von Belang war, in anderen Beziehungen dagegen mehr oder weniger jener nichtssagenden Gewalt glich, welche die modernen Parlamentarier inne haben.

Bezüglich der richterlichen Gewalt standen die Volkstribunen den Consuln eher vor, als nach; denn sie hatten nicht allein die Rechtsstreitigkeiten der Plebejer zu entscheiden, sondern konnten auch die Patricier und selbst die Consuln vor ihre Schranken laden. Ihnen zur Seite standen zwei Aedilen, den beiden Quästoren der Consuln nachgebildet. Das Haus der Tribunen, die, wie die Consuln, alljährlich zu wählen waren, mußte Tag und Nacht zugänglich sein, und kein Tribun durfte die Stadt verlassen. Gegen die Entscheidungen der Tribunen war die Appellation an die Volksversammlung zulässig.

Auf die Gesetzgebung konnten die Volkstribunen nur einen indirekten Einfluß ausüben; sie hatten das Recht, das Volk zu Versammlungen zu berufen und zu demselben zu sprechen. Beschlüsse, die bei solchen Gelegenheiten gefaßt wurden, waren in keiner Weise bindend, in der späteren Zeit übten sie aber immerhin manchmal auf den Senat einen gewissen Druck aus. Gegen Senatsbeschlüsse stand den Tribunen das Veto, d. h. der bindende Protest, zu, und es genügte, wenn Einer protestirte, weil das Nein dem Ja übergeordnet war. Im Uebrigen waren die Tribunen unverletzlich, obgleich ihnen gar kein äußeres Zeichen ihrer Würde beigelegt war. In vieler Hinsicht wurde denselben sogar ihre plebejische Stellung recht fühlbar gemacht; so mußten sie z. B. auf einem Schemel sitzen, während die Senatoren auf dem Wagenstuhl Platz nahmen.

Daß an den bestehenden Grundübeln durch diese Institution nichts geändert werden konnte, wird Jedem einleuchten. Im günstigsten Falle konnten die Tribunen Kraft ihres Protestes die Aenderung des Bestehenden verhindern; allein an der Erhaltung desselben war ja gerade den Patriciern gelegen. Bedenkt man noch, daß die Tribunen nur von den Plebejern gewählt wurden, während die Consuln aus der Wahl der Gesammtbürgerschaft hervorgingen, und daß jene stets Plebejer, diese stets Patricier sein mußten, so wird man sich nicht verhehlen können, daß die Klassengegensätze gerade durch die Gegenüberstellung der patricischen Consuln und der plebejischen Volkstribunen strengstens verschärft werden mußten. Die Folge lehrte denn auch in der That, wie heillos die gesetzmäßige Klassenorganisation wirkte.

Auf Seiten der Plebejer, wo man bald einsah, welch' eine taube Nuß das Volkstribunat darstellte, erstrebte man die Erweiterung der tribunicischen Gewalt; auf Seiten der Patricier, denen selbst die gemachte Scheinconcession unerträglich war, forderte man die Aufhebung des kaum geschaffenen Instituts. Es kam oft zu Mord und Todtschlag und den heftigsten Händeln, jedoch sind hierüber genauere Nachrichten nicht vorhanden. Nur ein Vorfall, an welchen die Entstehung einiger wichtigeren gesetzlichen Bestimmungen sich anschließt, kann als verbürgt erachtet und daher mitgetheilt werden.

Der Consul Cassius Viscellinus regte bereits im Jahre 486 (diese und jede andere Jahreszahl, welche die ganze Abhandlung enthält, zeigt an, wie lange vor unserer Zeitrechnung das betreffende Ereigniß geschehen) ein Ackergesetz an, wie späterhin noch von Manchem in ähnlicher Weise geschah. Er forderte, daß die eroberten Ländereien theils verpachtet, theils unter den Aermeren des Volkes vertheilt werden, und zwar wollte er dabei nicht nur die eigentlichen Römer, sondern auch die mit denselben damals in eidgenössischen Beziehungen stehenden Latiner berücksichtigt wissen. Letzterer Umstand machte den Vorschlag selbst bei den Plebejern anstößig, indem dieselben in ihrem Kirchthurms-Patriotismus den Latinern keine Gleichberechtigung zugestehen wollten; und die Patricier waren schon deshalb über den Consul wüthend, weil er seinen Antrag mit Umgehung des Senats der Bürgerversammlung vorgelegt hatte, ganz abgesehen davon, daß diesen Junkern jede Reform zuwider war, durch welche den Armen Grundbesitz zu Theil werden sollte. Cassius wurde angeklagt, nach königlicher Gewalt gestrebt zu haben, und mußte als Hochverräther sterben. Um die Plebejer für dieses Urtheil zu gewinnen, versprach ihnen der Senat eine Ackeraustheilung, aber es fiel ihm nachträglich gar nicht ein, sein Versprechen zu halten, weshalb die nachmaligen Tribunen fortwährend daran erinnerten. Genucius, welcher im Jahre 473 das tribunicische Amt bekleidete, klagte sogar die Consuln wegen Nichterfüllung des besagten Versprechens an; — Meuchelmord beseitigte ihn in der Nacht vor der anberaumten diesbezüglichen Verhandlung.

Es war also schon sehr gefährlich, den tribunicischen Pflichten mit Energie nachzukommen; die damaligen Ordnungsbanditen operirten ja bereits mit dem Dolche! Indeß die Nachfolger des Genucius ließen sich gleichwohl nicht ins Bockshorn jagen, und zwar trat der Volkstribun Publilius schon im Jahre 471 so energisch auf, daß einige politische Reformen (Vereinfachung des Wahlmodus 2c.) zugestanden werden mußten. Ob zu dieser Zeit die Anzahl der Tribunen von zwei auf fünf erhöht wurde, oder ob dies schon etwas früher geschah, weiß man nicht mit Bestimmtheit anzugeben, doch scheint Ersteres der Fall gewesen zu sein. Uebrigens war damit nichts gewonnen, und die Reibereien nahmen nach wie vor ihren unerquicklichen Verlauf.

Inzwischen waren die Bestrebungen der Plebejer in erster Linie auf die Schöpfung eines Landrechts gerichtet; sie wollten ein Gesetz haben statt der vielerlei buntscheckigen und sich oft widersprechenden Anordnungen der öffentlichen Macht. Diesem Verlangen gab der Volkstribun Terentillus Arsa im Jahre 462 Ausdruck. Er machte den Vorschlag, daß eine Commission von fünf Männern gewählt werden möge, welche eine Verfassung ausarbeiten solle, durch welche die Rechte aller Bürger fixirt und der tyrannisch mißbrauchten Gewalt der Consuln und Senatoren eine Grenze gesetzt werden müsse; aber dieses Project versetzte die Patricier in eine wahre Raserei. Der Senat verwarf den Vorschlag, und es vergingen zehn Jahre, ehe demselben nahe getreten wurde, — Jahre voller Unruhen. Die Plebejer wählten fort und fort die gleichen Männer zu Volkstribunen und ließen sich durch anderweitige Zugeständnisse von ihrer Forderung nicht abbringen. Im Jahre 457 wurde die Anzahl der Volkstribunen von 5 auf 10 erhöht; ein Jahr später vertheilte man den Aventin — bisher ein unbewohnter

Tempelhain — unter die ärmeren Bürger. Das Volk nahm, was ihm geboten ward, hörte deshalb aber nicht auf, das Landrecht zu begehren. Endlich im Jahre 454 bequemte sich der Senat, dem Drucke nachzugeben und die Schöpfung eines Landrechts zu beschließen. Eine Commission, bestehend aus drei Patriciern, begab sich nach mehreren italienischen und griechischen Städten, um die verschiedenen Gesetzgebungen kennen zu lernen; als dieselbe zurückgekehrt war (im Jahre 451), fand die Wahl von 10 Männern statt, denen für ein Jahr eine geradezu absolute Gewalt übertragen wurde, und die man verpflichtete, unter Wahrung der bestehenden Rechte und Freiheiten ein Grund-Gesetz ins Leben zu rufen.

Angeblich war zur Wahl dieses Decemvirats das ganze Volk zugelassen worden; allein der Umstand, daß lauter Patricier gewählt wurden, während erst später, als nach Jahresfrist eine Neuwahl und Verlängerung der Decemviratsgewalt eintrat, einige Plebejer durchdrangen, wirft ein eigenthümliches Licht auf jenes allgemeine Stimmrecht. Jeder dieser Decemvirn hatte immer zehn Tage lang den Vorsitz, sprach Recht und hatte als Ehrengeleit die zwölf Lictoren, die sonst nur den Consuln zustanden. Während der Amtirung des Decemvirats gab es nämlich weder Consuln noch Volkstribunen, vielmehr standen deren Befugnisse nur den Decemvirn zu. Dieselben formulirten das bestehende römische Recht und ließen die also geschaffenen Gesetze in zehn kupferne Tafeln eingraben. Nachträglich wurden noch weitere zwei Tafeln hinzugefügt und alle zwölf an der Rednertribüne vor dem Rathhause angeschlagen. Am Stande der Dinge war aber damit so viel wie gar nichts geändert.

Das Decemvirat nahm übrigens ein klägliches Ende. Als die zwölf Tafeln publicirt waren, legten die Decemvirn ihre Würde nicht nieder, wie es ihre Pflicht gewesen wäre, sondern machten Miene, die Herrschaft zu behaupten; namentlich gebärdete sich Appius Claudius, ein starrer Aristokrat, der gewissermaßen an der Spitze des Decemvirats stand, äußerst frech. Dieses Unwesen wurde begünstigt durch den Ausbruch eines Krieges, der die Massen von den inneren Angelegenheiten abzog; und wenn Claudius und seine Spießgesellen sich nicht alsbald die größten Niederträchtigkeiten erlaubt hätten, so wäre gewiß ihr Sturz nicht leicht gewesen.

Einen ehemaligen Volkstribun, den sie zu fürchten hatten, ließen die Decemvirn meuchlerisch erworden; ein Mädchen, die Tochter eines Plebejers, wonach Claudius ein Verlangen trug, ließ er rauben und erklärte es selbst für unfrei, während er den Vater und den Bräutigam desselben verhaften ließ. Diese und ähnliche Unthaten trieben endlich dem Volke die Geduld aus. Die schlimmen Nachrichten gelangten zu den im Felde stehenden Soldaten, die sogleich ihre Führer verließen, und, wie einst ihre Väter, auf den „heiligen Berg" zogen. Hier ernannten sie ihre Tribunen und zogen nach der Stadt, wo die Decemvirn noch immer nicht weichen wollten. Nun aber, da sie sahen, daß das Volk sich vorbereitete, ihnen sammt ihrem patricischen Anhang eine Straßenschlacht zu liefern, mußten sie abdanken. Die zwei Schlimmsten davon, Claudius und Oppius, wurden verhaftet und nahmen sich im Gefängniß selbst das Leben, während die acht Anderen ins Exil gingen und durch den Senat ihres Vermögens für verlustig erklärt wurden. Wie vor dem Decemvirat, wurden wieder Consuln und Volkstribunen gewählt, und Alles ging seinen alten und darum unerquicklichen Gang.

Kleinere Reformen wurden zwar nach und nach eingeführt, aber dieselben vermochten die vorhandenen Uebel nicht zu heilen. Den Tribunen wurde gestattet, den Verhandlungen des Senats beizuwohnen, jedoch nicht im Sitzungssaale, sondern nur unter der Thür, wo man ihnen ein Bänkchen anwies. Der Senat mag die Tribunen etwa eben so schlecht angesehen haben, wie heutzutage der deutsche Reichstag die socialdemokratischen Abgeordneten. Aber die Tribunen ließen sich durch solche Kleinlichkeiten nicht irre machen; sie schritten gegen jeden Staatsbeschluß, den sie mißbilligten, energisch ein. Eine andere Reform bestand darin, daß die oberste Staatsleitung nicht mehr Consuln, sondern Kriegstribunen anvertraut wurde, die auch Plebejer sein konnten.

Aber nun begannen zahllose Intriguen und Schwindeleien der Aristokratie, welche sich nach wie vor die Oberherrschaft im Staate bewahren wollte. Die Wahlen der Kriegstribunen wußten die Patricier so sehr zu beeinflussen, daß nur Leute aus ihrer Mitte den Sieg davon trugen. Die neue Einrichtung war ohnehin nur deshalb vom Senat zugestanden worden, weil die Plebejer darauf drangen, daß auch ihnen das Consulat zugänglich gemacht werde, und weil sie, als man diesem ihrem Wunsche nicht nachkam, durch den Mund der Tribunen bei Ausbruch eines Krieges die Militärausheben verbieten, einen Soldatenstrike insceniren ließen. Alljährlich entspann sich zur Zeit der Wahlagitation ein heftiger Kampf zwischen Patriciern und Plebejern; erstere forderten die Wiedereinsetzung der patricischen Consuln, während letztere die Wählbarkeit von Plebejern zum Consulat nur unter der Bedingung unbeansprucht lassen wollten, daß es bei der neuen Institution der Kriegstribunen mit consularischer Gewalt sein Bewenden habe. Dieser Fall trat auch vorläufig ein, doch trennte man nach und nach einzelne consularische Befugnisse vom Kriegstribunat los und schuf hierfür eigene Aemter. So entstand z. B. damals die Censur. Die in der Regel alle vier Jahre stattfindende Feststellung des Budgets und der Bürger- und Steuerliste, welche bisher den Consuln oblag, wurde nun zwei Censoren (Zahlmeistern), welche durch die Bürgerschaft für je achtzehn Monate zu wählen waren, übertragen (435). Alle diese Kunststückchen vermochten es nicht zu hindern, daß die politischen Vorrechte der Aristokratie allmälig erblaßten; allein in dem nämlichen Grade, in welchem dies geschah, stieg auch deren Erbitterung; und der Adel griff zu den gemeinsten Mitteln, wenn es galt, einen plebejischen Feind zu vernichten. Sie verdächtigten gar Manchen, der bei den Massen in besonderer Gunst stand, als strebe er nach königlicher Gewalt. Und mehr als Einer ist in jenen Zeiten „wegen Hochverraths" abgethan worden.

Die wirksamsten Mittel, welche die Aristokraten in ihrem Interesse zur Anwendung brachten, waren Wahlumtriebe und Pfaffentrug. Wie arg erstere gewesen sein müssen, geht schon daraus hervor, daß bereits im Jahre 432 ein Gesetz dagegen erlassen wurde, das natürlich nichts half, sondern hundertfältig umgangen ward. Konnten die Patricier nicht durch Bestechungen oder Drohungen die Wähler für sich gewinnen, so thaten die Wahldirektoren das Uebrige. Ward trotz alledem eine unbequeme Wahl vollzogen, so wurden die Auguren (Pfaffen) befragt, ob bei derselben keine Fehler hinsichtlich der Vogelschau oder sonstiger religiösen Ceremonien vorgekommen seien; und das schwindlerische Pfaffenpack ermangelte natürlich nie, derartige Verstöße aufzustöbern.

Auf solche Weise erklärt es sich, daß z. B. zur Quästur erst im Jahre 409 ein Plebejer gewählt wurde, obgleich bereits im Jahre 421 das betreffende active und passive Wahlrecht von den Plebejern errungen war. Auch das Kriegstribunat bekleideten, trotz des gleichen Stimmrechts, bis zum Jahre 400 ausschließlich Patricier. Die Aristokratie war eben sehr gut organisirt und ganz fanatisch auf ihre Vorrechte versessen. Dagegen lagen sich die vornehmeren Plebejer beständig in den Haaren; und die Masse der armen Bauern wurde durch künstlich erzeugte und geschürte Streitigkeiten in Uneinigkeit erhalten, daher ihre Mißerfolge.

Inzwischen wurde mancher Anlauf zu socialen Reformen seitens der Volkstribunen gemacht; denn die Verarmung der Bauernschaft machte stetige Fortschritte. So stellten schon im Jahre 417 zwei Tribunen den Antrag, daß sämmtliche Staatsländereien unter den Bauern vertheilt werden sollten; allein sie drangen nicht damit durch, und zwar widersetzten sich gerade die wohlhabenden Plebejer, die in Allem unserer emporgekommenen Bourgeoisie glichen Andererseits traten selbst einzelne Patricier, die noch menschlich zu fühlen im Stande waren, und welche die Folgen voraussahen, die das Anschwellen ungeheurer Reichthümer in wenigen Händen bei gleichzeitiger Verarmung der Massen nothwendiger Weise produciren mußte, mit Reformvorschlägen hervor, allein immer umsonst. Endlich mehrten sich indeß die Mißstände derart, daß der Senat wohl oder übel einige Zugeständnisse ans Volk machen mußte.

Die Volkstribunen Gaius Licinius und Lucius Sextius sprachen sich in der Volksversammlung dahin aus, daß das Kriegstribunat abzuschaffen und dafür die Bestimmung festzustellen sei, daß einer der beiden Consuln Plebejer sein müsse. Ferner solle den Plebejern der Zutritt zu einem der drei großen Priestercollegien, und zwar zu dem auf zehn Mitglieder zu vermehrenden der Orakelbewahrer, offen stehen. Hinsichtlich der Domänen solle keinem Bürger gestattet werden, auf die Gemeindeweiden mehr als 100 Rinder und 500 Schafe aufzutreiben; und von denjenigen Staatsländereien, welche zur Occupation freigegeben wurden, solle Keinem gestattet sein, mehr als 500 Jugera (1 J. = 1/4 Hectar, resp. ein preuß. Morgen) in Besitz zu nehmen. Die Gutsbesitzer solle man verpflichten, nicht lauter Sklaven, sondern auch freie Arbeiter zum Landbau zu verwenden. Endlich solle man den Schuldnern durch Anrechnung der bereits gezahlten Zinsen und durch geeignete Rückzahlungsmodalitäten Erleichterungen verschaffen. Wie man sieht, waren die gemachten Vorschläge nicht radikaler Natur und sehr kleinbürgerlich, demungeachtet leiteten sie einen elfjährigen heftigen Parteikampf ein; und erst als die Plebejer in vielen Punkten mit sich handeln ließen, billigte sie der Senat, wenn auch mit großem Widerwillen. Der erste plebejische Consul, welcher im Jahre 367 gewählt wurde, war Lucius Sextius.

Fügten sich nun auch die patricischen Parteihäupter, so blieb doch die Aristokratie im großen Ganzen nach wie vor störrig. Besonders unbehaglich war für das Patricierthum der Umstand, daß durch die neue Einrichtung die Rechtsprechung nicht mehr ausschließlich in patricisch-parteiischen Händen verblieb. Unter dem Vorwande, daß das Recht nur dem Adel bekannt sei, trennte man die Rechtsprechung vom Consulat und bestellte dafür einen dritten Consul, der in der Folge Prätor genannt wurde. Außerdem kamen die Marktaufsicht und die damit verbundenen Polizeigerichte, sowie die Anordnung der Stadtfestlichkeiten an zwei neuernannte Aedilen, die zum Unterschiede von den plebejischen Aedilen und im Hinblick auf ihre richterliche Thätigkeit die kurulischen oder Gerichtsstuhl-Aedilen genannt wurden. Aber die Plebejer konnte man auch von diesen Posten nicht ausschließen; es wurde vielmehr bestimmt, daß Jahr um Jahr abwechslungsweise patricische und plebejische Kurul-Aedilen amtiren sollen. Ueberhaupt drangen die Plebejer, allen Widerstandes des Adels ungeachtet, immer tiefer in die verschiedenen Staatsämter ein, bis ihnen schließlich zu jedem der Zutritt ermöglicht war. Damit war zwar der Adel nur noch eine äußere Form, aber der Junkergeist lebte gleichwohl fort, und, was schlimmer ist, die socialen Klassenunterschiede machten sich noch ebenso bemerkbar, wie sonst. Was z. B. die geforderte Beschäftigung freier Arbeiter anbelangt, so ist zu bemerken, daß dieselbe nicht Platz griff. Neben der Sclavenwirthschaft war die Lohnarbeit eben nicht genehm. Mit den Domanialgesetzen wurde es gleichfalls leicht genommen. Es zogen immer die Reichen den größten Nutzen aus den Domänen. Und von der Auftheilung des Staatslandes unter die Besitzlosen war erst recht gar keine Rede, weil die reicheren Plebejer selbst die ärgsten Schwindler waren; und da dieselben durch Schmeichelworte 2c. vor den Wahlen sich die meisten Aemter zu erschleichen wußten, so konnten sie ihre Niederträchtigkeiten auch ganz bequem ausüben.

Gegen den Wucher, unter welchem die Kleinbauern am meisten litten, ging die Gesetzgebung zwar von Zeit zu Zeit vor, jedoch wurden die betreffenden Anordnungen häufig umgangen. Im Jahre 357 waren noch 10 Procente erlaubt, ein Jahrzehnt später nur noch 5 Procent und nach weiteren 5 Jahren wurde das Zinsnehmen ganz verboten, welch letzteres Verbot übrigens ganz und gar unbeachtet blieb. Gewöhnlich nahm man ein Procent — wohl gemerkt — per Monat! Notorische Wucherer wurden indeß manchmal herausgegriffen — wie heutzutage einzelne kleinere Gründer — und mit Strafen belegt. Sonst blieb es so ziemlich bei den alten harten Schuldgesetzen (Knechtschaft für den Zahlungsunfähigen). Kein Wunder, daß gegen die Wucherer mehr als einmal der Volksunwillen zum Ausbruche kam, ohne freilich mehr als augenblickliche Versprechungen zu erzielen.

Das Einzige, wodurch der Massenverarmung einigermaßen gesteuert wurde, war die Auswanderung, welche in gleichem Verhältniß zunahm, in welchem die Römer sich erobernd ausbreiteten und allenthalben Colonien gründeten, wohin sich viele Plebejer begaben, obgleich auch in dieser Beziehung die Reichen das Fett abschöpften. Im Allgemeinen trat der Gegensatz zwischen Patriciat und Plebejerthum vor dem Gegensatze zwischen Armen und Reichen mehr und mehr in den

Hintergrund. Der Parteikampf verwandelte sich immer ausschließlicher in einen Klassenkampf.

Unter solchen Umständen leuchtete es dem Senat bald ein, daß die Armen in den Volkstribunen leicht sehr gefährliche Führer finden könnten, daher stempelte er die Tribunen die er doch bisher so verächtlich behandelt hatte, mehr und mehr zu Regierungsbeamten, um sie mit Amtsstolz zu beseelen und den Massen einigermaßen zu entfremden. Das Volkstribunat wurde nun dem Consulate gleichgestellt! Während die Tribunen früher unter der Thüre, auf einer Bank sitzend, den Senatsverhandlungen zuhören konnten, erhielten sie nunmehr ihren Platz im Senat, und zwar saßen sie neben den übrigen Beamten und konnten auch das Wort ergreifen. Wenn ihnen das Stimmrecht auch jetzt noch versagt blieb, so war dies nur eine Consequenz des römischen Staatsrechts, wonach nur demjenigen der Rath zukam, der nicht zur That berufen war. Später konnten die Tribunen sogar, wie sonst nur die Consuln und Prätoren, den Senat zusammenberufen, befragen und denselben zu Beschlüssen veranlassen. Nun darf man jedoch nicht vergessen, daß es in der Regel nur wohlhabenderen Plebejern glückte, das Tribunat zu erlangen, und daß demgemäß nur selten für die Armen in dieser Einrichtung ein Schutz zu Theil wurde, die Neuerungen hatten vollends das Tribunat zu einem demokratischen Firlefanz herabgewürdigt. Der Senat herrschte unumschränkter denn je. Höchstens hielten die Tribunen öfters „Brandreden", die sie umso eher riskiren konnten, als sie nicht abzustimmen hatten und daher nicht in die unangenehme Lage der heutigen liberalen „Volksvertreter" kamen, erst Opposition zu machen und dann doch („mit schwerem Herzen") zuzustimmen. So stand es also ums römische Volk, trotz aller scheinbaren Reformen, so traurig wie möglich.

In den benachbarten Staaten herrschten die nämlichen, ja sogar mitunter noch ärgere Zustände, so z. B. in allen etruskischen Gemeinden, wo es darum auch zwischen dem total verarmten Volke und dem gänzlich entsittlichten Geldprotzenthume wiederholt zu schweren Kämpfen kam. Rom intervenirte schließlich, rettete die „Gesellschaft" und „Ordnung" und anektirte bei dieser Gelegenheit so sachte ganz Etrurien, ja ganz Italien (270). Die „vornehmeren" Geschlechter der eroberten Gemeinwesen zog man theilweise zum römischen Bürgerrechte heran, im Uebrigen traten die Bevölkerungen zu Rom in ein Unterthanenverhältniß. An den socialen Einrichtungen brauchte nicht gerüttelt zu werden, da dieselben, wie gesagt, ohnehin denen Roms glichen.

IV.

Die Klassenherrschaft.

Während sich die Römer mehr und mehr in zwei feindliche Lager, in das der Besitzenden und in das der Besitzlosen, spalteten, führten sie ununterbrochen großartige Kriege. So erklärt es sich, daß über die inneren Kämpfe dieser Periode nur ganz dürftige Nachrichten in den

Geschichtswerken vorgefunden werden. Es gab ja fortwährend Schlachtberichte und häufige Siege zu verzeichnen. Ja die Bevölkerung Roms scheint selbst oft genug im tollen Siegestaumel und Erfolgswahnsinn ihrer nächstliegenden Interessen nicht gedacht zu haben, zumal wenn die Festlichkeiten, die mit jedem Siege verknüpft wurden, recht pomphaft ausfielen. So kommt es, daß man plötzlich die fertigen Mißstände vorfindet, über deren allmäliges Entstehen aber ununterrichtet bleibt. Uebrigens kann man sich den Vorgang leicht selber erklären, wenn man die in diesem und den folgenden Kapiteln anzuführenden Thatsachen überblickt.

Die „Herren" — das waren nun die reichen Patricier und Plebejer — spielten den Volksmassen gegenüber immer mehr die Herrscher-Rolle, die bereits 200 Jahre vor unserer Zeitrechnung verkündete, was für Wirren ihrem Wesen entspringen werden. Bei den Volksfesten wollten sie eigene Ehrensitze haben, und die Aemter betrachteten sie als ihre angeborenen Domänen.

Während nach der bisherigen Verfassung die Officiersstellen bei der Armee und andere Posten nur nach den Talenten und Verdiensten vergeben werden sollten, gaben nun Geburt und Ansehen meist den Ausschlag. Es wurde Brauch, daß nur noch die niedrigeren militärischen Grade vom Feldherrn je nach der Brauchbarkeit der Bewerber vergeben wurden, während die höheren Posten, die Stabsofficiersstellen, das Amt der Kriegstribunen 2c., in den Quartierversammlungen gelegentlich der jährlichen Aushebungen ausgetheilt wurden. Um nur den ärgsten Mißbräuchen zu steuern und ganz ungeprüfte junge Männer von solch' wichtigen Stellen fernzuhalten, wurde es nöthig, die Vergebung der Stabsofficiersstellen an den Nachweis einer gewissen Zahl von Dienstjahren zu knüpfen. Es kam aber trotzdem noch genug Schwindel vor, so daß man beim Ausbruch ernstlicher Kriege oft die meisten Officiere nicht gebrauchen konnte und den Feldherren das Recht der neuen Ernennung zugestehen mußte.

Um dem Festhalten an einmal erlangten bürgerlichen Aemtern einen Riegel vorzuschieben, wurde bestimmt, daß die Wiederwahl zum Consul erst nach einer Zwischenzeit von 10 Jahren statthaft sei, und daß die Censoren überhaupt nicht wiedergewählt werden können. Und gegen Ende dieser Periode (180) ward festgetzt, daß die Aemter in einer gewissen aufsteigenden Stufenreihe mit eingeschalteten Unterbrechungen zu erwerben seien. Allein damit war das Hauptübel gar nicht berührt, nämlich die Befugniß der Aristokratie, in den Senat einzutreten, ohne den Nachweis für die Tüchtigkeit zu liefern, während den Armen der Zutritt zu jedwedem Amte geradezu, wenn auch nicht nach geschriebenen Gesetzen, verrammelt war. Früher wurde bei Ergänzung des Senats immerhin außer dem Adel die Fähigkeit in Betracht gezogen, jetzt sank dieser gesetzgebende Körper förmlich zu einer Gesetzmacherkaste herab, die sich selbst fortpflanzte. Bei einer solchen Herrschaft etlicher Familien darf man sich nicht wundern, daß deren Angehörige sich jedwede Frechheit anmaßen konnten. Es war schon im Jahre 200 so weit gekommen, daß dieses Pack öffentlich Verbrechen verübte, ohne daß ein Hahn darnach krähte.

Das Finanzwesen ging damals gleichfalls zurück, wenn auch der relative Betrag der Einnahmen beständig wuchs, weil Beutegelder und fremdländische, in Kriegen erzwungene Tribute in großer Menge zugeflossen, indem die Ausgaben stetig zunahmen und zwar in größerem Maßstabe als die Einnahmen. Viele der eroberten Provinzen kosteten fast mehr als sie eintrugen. Dazu kamen die Folgen der schändlichen Präfektenwirthschaft, die diesbezüglichen Unterschleife, das Bestechungs- und Erpressungssystem und sonstige allgemein übliche Gaunereien.

Der Schwindel war so gewöhnlich, daß z. B. der Senat davon absah, die beschlagnahmten makedonischen Bergwerke zu betreiben, „weil die Grubenpächter doch entweder die Unterthanen plündern, oder die Kassen bestehlen würden." Man ließ es nicht nur bei dem alten Unfuge, von den Aristokraten, die Domanialland bebauten, keinen Pacht zu erheben, bewenden; man litt es sogar, daß bei Privatanlagen auf öffentlichen Grund und Boden übergegriffen und das Wasser aus den öffentlichen Leitungen zu Privatzwecken abgelenkt ward. Es erregte unter den „Herren" sehr böses Blut, wenn einmal ein Censor gegen solche Contraventionen ernstlich einschritt und die dreisten Zugreifer zwang, entweder auf die Sondernutzung des gemeinen Gutes zu verzichten oder den üblichen Wasserzins zu zahlen. „Wer einen Bürger bestiehlt," sagte Cato, „beschließt sein Leben in Ketten und Banden; in Gold und Purpur aber, wer die Gemeinde bestiehlt."

Bezüglich der social-politischen Stellung der Bevölkerung ist für diese Zeit Verschiedenes zu bemerken; zum besseren Verständniß werden jedoch einige anderweite Notizen zuvor am Platze sein. Rom war nämlich inzwischen zur ersten Macht unter den Mittelmeerstaaten geworden. Erst eroberten die Römer die Gauen Italiens; nach und nach geriethen sie mit dem rivalisirenden Carthago, das an Reichthum dem heutigen London gleich gekommen sein soll (?), und welches sehr ausgedehnte Besitzungen hatte, in Streit. Sie jagten diesem Gemeinwesen die Inseln Sicilien, Sardinien und Corsica ab, und später zertrümmerten sie es gänzlich. Gelegentlich eines der diesbezüglich geführten Kriege ging es indeß Rom nahe ans Leben, nämlich im Hannibalischen Kriege (218—201), wo Hannibal, ein carthagischer Feldherr, über die Alpen gekommen war und fast ganz Italien lange Zeit in seiner Gewalt hatte, ja sogar die Hauptstadt bedrohte. Andererseits war gerade die Folge dieses Krieges für die Güterconcentration sehr vorschubleistend. Während vor demselben die verschiedenen Kleinstaaten Italiens zwar schon unter Roms Oberherrschaft standen, aber immerhin noch eine Art von Staatenbund bildeten und eine gewisse Selbstständigkeit behaupteten, wurde dieses Verhältniß nach dem Kriege völlig geändert. Viele dieser Staaten hatten sich nämlich dem Hannibal angeschlossen und Rom ließ sie dafür, nachdem es Hannibal besiegt hatte, bitter büßen. Sie wurden einfach völlig anectirt. Viele Großgrundbesitzer wurden hingerichtet oder verbannt und ihr Besitzthum eingezogen. So wuchsen die römischen Domänen gewaltig an. Die Patricier und reichen Plebejer hielten gute Ernte, indem sie, wie immer, diese Güter in erster Linie sich in die Hände zu spielen wußten.

Man hatte früher in Italien viererlei Bürgergruppen gekannt: Die Bewohner der unterthänigen und die der bundesgenössischen latinischen Gemeinden einerseits und die römischen Passiv- und Vollbürger andererseits, wie sie in den verschiedenen Gemeinden wohnten. Von diesen vier Klassen fiel die dritte nun weg, indem die Passivbürger-

Gemeinden entweder, wie z. B. Capua, wegen ihres Uebertritts zu Hannibal, das römische Bürgerrecht ganz verloren, oder nach und nach das volle Bürgerrecht erwarben, so daß es am Schlusse jener Periode keine anderen römischen Passivbürger mehr gab, als einzelne, aus besonderen Gründen vom Stimmrecht ausgeschlossene Individuen. Dagegen trat neu hinzu eine besonders zurückgesetzte, der Communalfreiheit und des Waffenrechts entbehrende und zum Theil fast den Gemeindesclaven gleich behandelte Klasse, wozu namentlich die Glieder der ehemaligen mit Hannibal verbündet gewesenen campanischen, brettischen und anderen derartigen Gemeinden gehörten. Ihnen schlossen sich die diesseits der Alpen geduldeten Keltenstämme an, deren Stellung zu der italischen Eidgenossenschaft nur unvollkommen bekannt ist, aber doch durch die in ihre Bundesverträge mit Rom aufgenommene Clausel, daß keine dieser Gemeinden je das römische Bürgerrecht solle gewinnen können, hinreichend als eine zurückgesetzte characterisirt wird. Solche Ungleichheiten in politischer Hinsicht hatten selbstverständlich auch sociale Ungleichheiten im Gefolge.

Bei den Landanweisungen in Norditalien erhielten die Bürger je zehn, die Nichtbürger je drei Jugera (Morgen) Ackerlandes. Die Freizügigkeit wurde den nach dem Jahre 268 gegründeten latinischen Gemeinden nicht mehr zugestanden, ja selbst den älteren derselben wurde sie mehr und mehr beschränkt. Aus den letzteren strömten die Bürger so massenhaft nach Rom, daß ihre Heimathsorte erklärten, unter solchen Umständen das ausbedungene Contingent an Soldaten nicht stellen zu können. Demgemäß verfügte die römische Regierung, daß auch diesen Latinern das „Zugrecht" nur dann zustehe, wenn der Uebertretende leibliche Kinder in seiner Heimathsgemeinde zurücklasse, und polizeiliche Ausweisungen kamen nun in großer Zahl vor.

Die Lage der Unterthanenklassen wurde im Verhältniß zu ihrer bisherigen Abstufung allgemein verschlechtert. Wie innerhalb der römischen Bürgerschaft der Herrenstand von dem Volke sich absonderte, den öffentlichen Lasten sich durchgängig entzog und die Vortheile und Ehren für sich in Anspruch nahm, so trat die Bürgerschaft ihrerseits der italischen Eidgenossenschaft gegenüber und schloß dieselbe nach und nach vom Mitgenuß der Herrschaft gänzlich aus, während ihr alle Lasten doppelt und dreifach aufgebürdet wurden. Daß bei solcher Sachlage in ganz Italien allgemeine Unzufriedenheit herrschen mußte, liegt auf der Hand.

Das Schlimmste waren die neuen Vogteien. Früher gab es keine zinspflichtigen Unterthanen; die überwundenen Bürgerschaften wurden entweder in die Sklaverei verkauft oder in die römische Bürgerschaft aufgenommen oder endlich zu einem Bündniß zugelassen, das ihnen wenigstens die communale Selbstständigkeit und die Steuerfreiheit sicherte. Mit den später eroberten Provinzen verfuhr man dagegen ganz anders. Man setzte Landvögte (Landpfleger) ein, die wie Könige, wenn auch im Namen der römischen Gemeinde, herrschten. Sie durften sich dies um so eher herausnehmen, als die Bewohner der fraglichen Ländereien gewöhnlich zuvor unter dem Joche noch ärgerer Tyrannen geseufzt hatten. Das Landvogtspielen demoralisirte aber im höchsten Grade. Hoffahrt und Uebermuth lagen so sehr in der Rolle, daß man nichts Ungehöriges darin erblickte. Dabei stahlen die Vögte wo und wie es nur immer sein konnte; und Solche, die nicht bestechlich waren, galten bald als Raritäten. „Ehrenwein“ und sonstige „freiwillige“ Gaben wurden sozusagen Gesetz. Sehr erkleckliche Beträge schauten auch bei den Getreidelieferungen heraus, welche die Vögte zu arrangiren hatten. In den entfernteren Gegenden, wie z. B. in Kleinasien, unternahmen die Vögte mitunter förmliche Raubzüge. Beschwerden halfen in der Regel selbstverständlich nichts, weil ja nur die „Herren,“ d. h. die Genossen der Hallunken, darüber zu entscheiden hatten. Obendrein hatten die Kläger zu befürchten, daß an ihnen blutige Rache geübt werde. Und war wirklich einmal ein besserer Vogt vorhanden, so flößte ihm das knechtische Betragen der besitzenden Klassen in den betreffenden Gegenden bald genug tiefen Ekel und Menschenverachtung ein.

Diejenigen römischen Vollbürger, welche außerhalb der Stadt, resp. in ganz Italien zerstreut wohnten, wurden übrigens auch in der Ausübung ihrer politischen Rechte stark beeinträchtigt Während früher in neu zugelassenen Orten eigene Wahlbezirke geschaffen wurden, schrieb man nunmehr die neu hinzukommenden Bürger auf die Listen schon bestehender Wahlkreise, so daß oft die Stimmberechtigten eines Kreises in einer Menge über das ganze Land zerstreuter Ortschaften wohnten, also bei Abstimmungen mitunter weite Reisen zu machen hatten. Und von einer Wahlagitation konnte unter solchen Umständen gar keine Rede sein. Die „Macher“ hatten da bequemes Spiel. In der Regel ließ sich die Menge leicht bewegen, Ja zu sagen. Außerdem kam noch in Betracht, daß die Clienten (Schutzverwandten) in großen Massen vorhanden waren und sich in ihrer Verkommenheit von ihren angeblichen Schutzherren zu allen erdenklichen Schuftereien, insbesondere zur Einschüchterung der ärmeren Wähler, mißbrauchen ließen. Bereits um 200 nahm dieses charakterlose Bedientenvolk ganz bedenklich zu. Endlich wurde dieser Troß noch durch zahlreiche Orientalen und Griechen verstärkt, die mit ihm in Knechtsseligkeit wetteiferten. Die direkten Wahlbestechungen im Masse wurden zwar um diese Zeit noch nicht sehr stark betrieben, wohl aber florirte dieses saubere Geschäft im Geheimen schon damals nicht wenig. „Brod umsonst und ewiges Volksfest!“ (Brod und Spiele) — dieser Wahlspruch, der später ziemlich allgemein gang und gäbe wurde, fing bereits an, seine Wurzeln auszubreiten. Wer für billiges Korn zu sorgen versprach und möglichst viele Feste in Aussicht stellte, das war der Mann der gedankenlosen Menge. Zum Lohne dafür, daß der römische Adel die Vögte ihre schändliche Wirthschaft ungestraft treiben ließ, schickten dieselben recht oft und viel Getreide, das sie in den Provinzen einfach erpreßten. Dadurch war es möglich, in Rom niedrige Kornpreise zu behalten. „Es ist kein Wunder,“ meinte damals Cato, „daß die Bürgerschaft nicht mehr auf guten Rath hört; der Bauch hat eben keine Ohren.“

Die Volksfeste nahmen beständig an Zahl und Großartigkeit zu. Fünfhundert Jahre lang hatte sich Rom mit einem Volksfeste begnügt und benöthigte es nur eines Spielplatzes; im Jahre 220 ward indeß bereits ein zweites Volksfest eingeführt und ein zweiter Spielplatz errichtet. Bezeichnender Weise hieß man die dabei vorkommenden Feierlichkeiten „plebejische Spiele.“ Bald darnach kam auch das Fest der Ceres (Schutzgöttin der Bauern) in Aufschwung. Ums Jahr 212 kam ein viertes Fest zu Ehren Apollos und 204 eines zu Ehren der neu aus Phrygien importirten „Göttermutter“ hinzu. Später traten noch weitere Festschöpfungen ein, die hier füglich übergangen werden können. Die Kosten dieser neuen Festlichkeiten bestritten die mit der Ausrichtung der einzelnen Feste beauftragten Beamten aus eigenen (!?) Mitteln. Die künftigen Consulatscandidaten machten bald in dem Aufwande für diese Spiele einander eine Concurrenz, welche die Kosten derselben ins Unglaubliche steigerte. Daneben wurde oft noch „Außerordentliches“ aus freiem Antriebe geleistet, z B. die Veranstaltung von Fechterspielen. Die Pracht der Spiele wurde allmälig der Maßstab, nach dem die Wählerschaft die Tüchtigkeit der Consulatsbewerber maß. Die Aristokratie hatte allerdings schwer zu zahlen — ein gehöriges Fechterspiel kostete z. B. 720,000 Sesterzen (150,000 Mark) —, allein sie zahlte gern, da sie ja damit den unvermögenden Leuten die politische Laufbahn verschloß.

Auch ins Lager drang die Corruption mehr und mehr ein. Die alte Bürgerwehr hatte sich glücklich geschätzt, eine kleine Entschädigung für die Kriegsarbeit und im besten Falle eine geringe Siegesgabe heimzubringen. Die neueren Feldherrn aber warfen das Beutegeld und nöthigenfalls auch Staatsgelder mit vollen Händen unter die Soldaten. Die Veteranen aus dem zweiten macedonischen- und aus dem kleinasiatischen Feldzuge kehrten bereits durchgängig als wohlhabende Leute heim. Das Räuberwesen hatte sich in der römischen Armee alsbald so sehr eingebürgert, daß einzelne Feldherrn, die demselben steuern wollten, beinahe übel fortgekommen wären.

Ein weiteres Zeichen des herannahenden Zerfalls war die Jagd nach Titeln und Abzeichen. Zu der Ehre des Triumphes drängte man sich so, daß es kaum gelang, die alte Regel aufrecht zu erhalten, wonach nur derjenige triumphiren durfte, welcher als ordentlicher höchster Beamter die Mehrung der Staatsmacht in offener Feldschlacht erzielte. Wenigstens zogen eitle Feldherrn, denen ein richtiger Triumphzug versagt wurde, auf eigene Faust auf dem albanischen Berge im Triumphe umher. Nach jedem gewöhnlichen Gefechte wollten Manche triumphiren. Außerdem wurden noch andere Faxen üblich. So verlangte Gaius Duilius, daß ihm erlaubt werde, seines erfochtenen Sieges wegen, Abends in Begleitung eines Fackelträgers und eines Pfeifers durch die Straßen zu ziehen, worauf man in der That einging. Statuen und andere Denkmäler, die obendrein oft genug auf Kosten der Geehrten errichtet wurden, waren so etwas Gewöhnliches geworden, daß man es spottweise für eine Auszeichnung erklärte, solcher Monumente zu entbehren.

Die Abzeichen arteten bis zur höchsten Lächerlichkeit aus. Die Freigelassenen verlangten, wenigstens ihre Söhne mit dem vielbeneideten Purpurstreifen schmücken zu dürfen. Der Rock, der Ring und die Amuletkapsel unterschieden nicht nur den Bürger und die Bürgerin von dem Fremden und dem Sklaven, sondern auch den Freigeborenen von dem gewesenen Knechte, den Sohn Freigeborener von dem freigelassener Eltern, den Ritter- und den Senatorensohn von dem gemeinen Bürger, den Sprößling eines kurulischen Hauses von dem gewöhnlichen Senator u. s. w. u. s. w. Selbst im Tode hörte der Unsinn noch nicht auf. So wurde z. B. festgesetzt, daß gewesene Censoren purpurne Sterbekleider tragen können.

An einzelnen warnenden Stimmen fehlte es natürlich in diesem wüsten Strudel allgemeinen Sittenverfalls nicht, jedoch waren die Moralprediger gewöhnlich große Philister, und man thut gut, dasjenige, was von denselben geleistet wurde, im Zusammenhange zu betrachten. Als Hauptführer dieser Richtung kann Cato, dem wir auch im folgenden Kapitel begegnen werden, angesehen werden. Man bezeichnet denselben oft als den „letzten römischen Staatsmann vom alten Schrot und Korn", und wenn man genauer nachsieht, so zeigt sich, daß er der damaligen Gesellschaft gegenüber etwa auf dem Standpunkte stand, welchen heutzutage die „Kreuzzeitungs"-Ritter und ähnliche Leute der modernen Gesellschaft gegenüber einnehmen. Er lebte 234—149, bekleidete die Censur und das Consulat vorübergehend und feierte auch einen Triumph; endlich war er ein ausgezeichneter Redner und kein schlechter Schriftsteller. Daß er somit einen nicht unbedeutenden Einfluß besaß, kann man sich denken. Er sah den Zerfall herankommen und wollte — seiner kleinbürgerlich-conservativen Seele gemäß — durch reaktionäre Palliativmittelchen dem Uebel vorbeugen. Im Senat sah man auf ihn vornehm herab, weil er keine „Ahnen" besaß und auch von sehr unansehnlicher Gestalt war — ein kleiner Knirps mit rothen Haaren, grünen Augen und unschönen Zügen. Aber Muth und Beharrlichkeit läßt sich ihm nicht absprechen. Er hielt zahlreichen Aristokraten öffentlich ihr Sündenregister vor; und aus 44 gegen ihn angestrengten Verleumdungsprocessen ging er als Freigesprochener hervor. Andererseits blieb jedoch sein Vorgehen gegen die Aristokratie ziemlich erfolglos. Wurde wirklich hie und da ein reicher Gauner vor Gericht gestellt, so that die Bestechung das Nöthige zur Bewirkung einer Freisprechung. Und die Cato'schen Polizeigesetze gegen übertriebenen Luxus und zur Hebung der Sittlichkeit blieben, wie alle derartigen Maßregeln zu jeder Zeit, ohne Erfolg. Einzig und allein waren die Landaustheilungen, welche auf Cato's Anregung erfolgten, von einigem Belang, jedoch auch nur für die Kleinbauern. Die ganzen „Reformen", welche sich an den Namen Cato's knüpfen, tragen wesentlich den Stempel der Kurpfuscherei an sich. Mommsen sagt im Hinblick auf die allgemeine Lage der Dinge in der gedachten Zeitepoche nicht mit Unrecht: „Es war diese Zeit die Windstille vor dem Sturme, die Epoche der politischen Mittelmäßigkeiten. Wo man den Blick hinwendet, klaffen in dem alten Bau Risse und Spalten; man sieht die Arbeiter geschäftig bald sie zustreichen, bald sie erweitern; von Vorbereitungen aber zu einem ernstlichen Um- oder Neubau gewahrt man nirgends eine Spur, und es frägt sich nicht mehr, ob, sondern wann das Gebäude einstürzen wird." (Freilich läßt die ganze Tendenz des Mommsen'schen Werkes keinen Zweifel darüber aufkommen, daß auch dieser Satz nur geschrieben wurde, um den Cäsarismus als eine natürliche und nothwendige Erscheinung zu charakterisiren.)

V.

Oekonomische Verhältnisse.

Die Landgüter waren bisher im Allgemeinen nicht sehr groß 200 Jugera (Morgen) kamen sehr häufig vor, beim Weinbau oft nur 100.

Wer mehr Kapital in die Landwirthschaft stecken wollte, vergrößerte nicht sein Gut, sondern erwarb mehrere Güter. Vererbpachtung war rechtlich unstatthaft, und nur bei Communalland kam zum Ersatz dafür mitunter eine Verpachtung auf mehr als ein Menschenalter vor. Verpachtungen auf kürzere Zeit, sowohl gegen eine feste Geldsumme, als auch in der Art, daß der Pächter alle Betriebskosten trug und dafür einen Antheil, in der Regel wohl die Hälfte von der Frucht, erhielt, kamen allerdings vor, aber doch auch nicht sehr oft, so daß eine eigentliche Pächterklasse in Italien damals noch gar nicht entstand. Regelmäßig leitete vielmehr der Besitzer selbst den Betrieb seiner Güter. Die Wirthschaft war ziemlich hoch entwickelt. Man baute Spelt, Weizen, Gerste, Hirse, Rüben, Rettiche, Knoblauch, Mohn und Futterkräuter, ebenso Erbsen, Bohnen u. s. w. Das künstliche Be- und Entwässerungswesen war frühzeitig bekannt, wie auch das Berieseln der Wiesen. Ferner war die Baumzucht nicht schlecht bestellt. Es gab Oel-, Feigen-, Apfel-, Birn- und andere Fruchtbäume; auch trieb man Forstkultur. Dagegen war in der älteren Zeit die Viehzucht nicht weit vorgeschritten, da man größtentheils von Vegetabilien und höchstens daneben noch von Lamm- und Schweinefleisch lebte. An Großvieh hielt man nur, was zur Bestellung des Ackers erforderlich war, wobei vielfach ausschließlich Stallfütterung in Anwendung kam. Schafe trieb man auf die Stoppelweide, Schweine, Hühner und Tauben wurden auf dem Hofe gehalten. Mitunter legte man auch einen Fischkasten oder eine Hasenschonung an. Der Ochs pflügte, der Esel schleppte den Dünger herbei und trieb die Mühle. Der Herr hielt sich meist ein Pferd; außerdem waren bei Grundstücken von oben gekennzeichneter Ausdehnung 2—3 Ochsen und 3—4 Esel ausreichend.

Die Arbeit wurde fast ausschließlich von Sklaven verrichtet. An der Spitze der Gutssclavenschaft stand der Wirthschafter, der nach den Instructionen des Herrn in jeder Beziehung als Gutsverwalter fungirte, obwohl er selbst auch ein Sclave wer. Unter ihm stand die Wirthschafterin, welche Haus, Küche, Speisekammer, Hühnerhof und Taubenschlag besorgen mußte; ferner eine Anzahl Pflüger und gemeiner Knechte, ein Eseltreiber, ein Schweine- und eventuell auch ein Schafhirt. Auf ein Gut von 200 Morgen ohne Baumpflanzungen wurden 2 Pflüger und 6 Knechte, auf ein Gut von 240 Morgen mit Olivenpflanzungen und Schafheerden 3 Pflüger, 5 Knechte und 3 Hirten gerechnet. Für den Weinberg brauchte man natürlich mehr Arbeitskräfte. Auf eine Rebpflanzung in Verbindung mit einem Gute von 100 Morgen rechnete man 1 Pflüger, 11 Knechte und 2 Hirten. Der Wirthschafter, welcher sehr oft lesen und schreiben konnte, wurde etwas freier gehalten, als die übrigen Sclaven. Die damaligen Oeconomen riethen, ihm Ehe, Kinderzeugung und eigene Kasse zu gestatten, und Cato hielt es für das Beste, wenn man ihn mit der Wirthschafterin verheirathete. Wie es scheint, hatten auch lediglich die Wirthschafter unter Umständen auf Freilassung zu hoffen, wenigstens in der Periode, wovon hier die Rede ist; später, unter der Aegide der vollendeten Großwirthschaft, werden es hauptsächlich schmeichlerische Bedientenseelen gewesen sein, die mitunter freigelassen wurden. Für den Wirthschafter war ohne Zweifel die Aussicht, vielleicht einmal freigelassen zu werden, eine mächtige Triebfeder, ihn zur regsten Thätigkeit und zur Ausnutzung der übrigen Sclaven anzuspornen. Im Allgemeinen war die Lage der Sclaven immer eine traurige und damals kaum sehr verschieden von derjenigen der modernen Negersclaven. Die Knechte wurden, wie das Großvieh, meist nicht auf dem Gute gezogen, sondern im arbeitsfähigen Alter auf dem Sclavenmarkte gekauft, während man sie andererseits sehr häufig, wenn sie durch Alter und Krankheit arbeitsunfähig geworden, mit anderem Ausschuß wieder auf den Markt schaffte und losschlug. Dieses Verfahren empfiehlt z. B. Cato sehr angelegentlich. Sclavenzüchtung kam übrigens auch vor, und war es Regel hierbei, gewisse Prämien den Müttern zu ertheilen. Eine Mutter von 3 Söhnen wurde meist von der Arbeit befreit und mit 4 Söhnen vielleicht freigelassen. Cato (!) machte sich ein Geschäft daraus, Sclaven zu kaufen, sie abzurichten und dann wieder auf den Markt zu schleppen — ein Verfahren, das den sittenreinen Philister, der heute noch auf den Hochschulen als Mustermensch charakterisirt wird, genugsam kennzeichnet. Cato hatte es sich auch zur Aufgabe gemacht, unter seinen Sclaven beständig kleine Streitigkeiten anzuzetteln, damit ja keine Brüderlichkeit darunter einreiße, die er für gefährlich hielt; auch empfahl er ein solches Vorgehen jedem Bauer!

Das Wirthschaftsgebäude war zugleich Stallung für das Vieh, Speicher für die Früchte und Wohnung für die Knechte, wogegen für den Herrn häufig ein abgesondertes Landhaus eingerichtet war. Ein jeder Sclave, auch der Wirthschafter, erhielt seine Bedürfnisse auf Rechnung des Eigenthümers in gewissen Fristen nach festen Sätzen geliefert, womit er auskommen mußte; so Kleider und Schuhzeug, die auf dem Markte gekauft und von den Empfängern in Stand gehalten wurden; so monatlich eine Quantität Weizen, die Jeder selbst zu mahlen hatte, Salz, Zukost — Oliven oder Salzfische —, Wein (?) und Oel. Die Quantität richtete sich nach der Arbeit, weshalb z. B. der Wirthschafter, der leichtere Arbeit hatte, als die Knechte, knapperes Maß als diese empfing. Alles Backen und Kochen besorgte die Wirthschafterin, und Alle aßen gemeinsam die nämliche Kost. Im Großen und Ganzen war es damals nicht Regel, die Sclaven zu fesseln; wer aber Strafe verwirkt hatte oder der Flucht verdächtig war, wurde gefesselt zur Arbeit geschickt und des Nachts in den Sclavenkerker — irgend ein elendes Loch — gesperrt. Den Gefesselten wurde, weil sie nicht selbst mahlen konnten, statt des Kornes Brod verabfolgt. Später aber kommt die Bestellung der Felder durch gefesselte Sclaven als eigenes Wirthschaftssystem vor. Da gab es Arbeiterzwinger, nämlich Kellerräume mit vielen, aber kleinen und nicht mit den Händen zu erreichenden Fensteröffnungen, worin die Sclaven wohnten. Angeblich sollen dieser Sclavengattung nur diejenigen zugetheilt worden sein, welche sich Vergehen zu Schulden kommen ließen; allein es wird selbst von schönfärberischen Geschichtsschreibern zugestanden, daß grausame Herren — und dieselben waren eben meistens grausam — ohne allen weiteren Grund und durchgängig die Fesselung angewendet haben. Mit der Brandmarkung stand es ebenso; sie sollte eigentlich eine Strafe sein, allein mehr und mehr wurde es Brauch, die ganze Heerde zu stempeln! — —

Mit der Eintheilung der Arbeit wurde es verschieden gehalten. In der Regel reichten die Gutssclaven aus; im Nothfalle liehen sich die Nachbarn gegen Entgelt gegenseitig ihre Knechte. Seltener wurden fremde Arbeiter in bedeutenderem Maße verwandt, außer in besonders ungesunden Gegenden, wo man es für vortheilhaft erachtete, den Sclavenstand möglichst zu beschränken und dafür desto mehr gemiethete Leute — „freie Arbeiter" — zu verwenden, und zur Zeit der Ernte, wo die eigenen Arbeitskräfte fast nirgends ausreichten. Bei der Korn- und Heuernte nahm man gedungene Schnitter hinzu, die oft statt des Lohnes von ihrem Eingebrachten die sechste bis neunte Garbe oder, wenn sie auch draschen, das fünfte Korn empfingen. So z. B. gingen jährlich umbrische Arbeiter in großer Zahl in das Thal von Rinti, um hier die Ernte einzubringen. Die Wein- und Olivenernte wurde in der Regel einem Unternehmer in Akkord gegeben, der durch seine Mannschaften — gedungene freie oder auch fremde oder eigene Sclaven — das Lesen und Pressen besorgte und den Ertrag an den Herren ablieferte. Oft wurde auch die Ernte gleich auf dem Stock verkauft und vom Käufer eingebracht.

Die ganze Wirthschaft ist durchdrungen von der Rücksichtslosigkeit habgieriger Bauern. Knecht und Vieh stehen auf einer Stufe; ein guter Kettenhund, sagte einst ein römischer Oekonom, muß nicht zu freundlich gegen seine Mitsclaven sein! -- Man nährte zwar den Knecht gehörig, gerade wie den Stier, so lange er arbeiten konnte, weil es nicht wirthschaftlich gewesen wäre, ihn hungern zu lassen; dagegen wurde Mensch wie Vieh verkauft, gleich einer abgenützten Pflugschar, wenn sie arbeitsunfähig geworden waren, weil es gleichfalls nicht wirthschaftlich gewesen wäre, wenn man sie länger behalten hätte. In den älteren Zeiten gönnte man den Knechten an Festtagen die Ruhe; allein später kam dieser Brauch immer mehr ab. Cato rieth z. B. die Umgehung der Festtagsheiligung ganz entschieden an. Man solle zwar, sagte er, wie es der Buchstabe verlange, den Pflug an dem betreffenden Tage ruhen lassen, die Sclaven dagegen anderweitig gehörig beschäftigen. Der Sclave müsse entweder arbeiten oder schlafen, sonst komme er auf ungehörige Gedanken. „So viel Sclaven, so viel Feinde", lautete ein römisches Sprichwort. Um die Sclaven ja nicht vertraulich unter sich werden zu lassen, wurde so viel wie möglich dauf gesehen, daß sie aus den verschiedensten Nationalitäten sich zusammensetzten. Man lebte in beständiger Angst vor den Complotten der Sclaven! Und diese Sachlage wurde sogar in Büchern von den damaligen Nationalöconomen erörtert und als ebenso natürlich und unabänderlich dargestellt, wie heute die Lohnarbeit durch die Manchestermänner. Besonders beliebt waren in dieser Beziehung vorübergehend Cato's Schriften. Dieser Krautjunker sagte beispielsweise vom „Wirtschafter, wie er sein soll", derselbe habe zuerst im Hofe und zuletzt im Bette zu sein, müsse streng gegen sich selbst und seine Mitsclaven verfahren, namentlich aber die Wirthschafterin in Respect erhalten. Er habe die Arbeiter wie das Vieh, insbesondere den Pflugstier, in Acht zu nehmen. Als echter Sclave habe er allen Verkehr mit den Göttern, wie mit den Menschen, lediglich seinem Herrn anheim zu geben, und wenn er diesem begegne, so habe er sich sehr bescheiden zu benehmen. Empfangene Instructionen müsse er vollziehen, ohne zu viel oder zu wenig dabei zu denken u. s. w.

Die bisher geschilderte Bauernwirthschaft war von der des großen

Gutsbesitzers, wie sie später immer mehr aufkamen, im Wesentlichen nur durch ihren kleinen Maßstab verschieden. Der kleine Bauer arbeitete selbst neben seinen Kindern und Sclaven oder auch ohne Sclaven.. Je mehr der Großgrundbesitz in Aufschwung kam, desto übler erging es den Kleinbauern. Der Viehstand zog sich zusammen, und wo das Gut nicht mehr die Kosten des Pfluges und seiner Bespannung deckte, trat dafür die Hacke ein. Oel- und Weinbau fielen ganz weg. In der Nähe Roms und anderer großen Städte kam dagegen die Gartenwirthschaft in Anwendung.

Die Wirthschaft bei Weideland mußte natürlich weit großartiger betrieben werden Weiden von weniger als 800 Morgen kamen fast gar nicht vor. Es wurde das Vieh im Sommer auf den Bergen, im Winter in der Ebene (mitunter auf den Stoppeln) geweidet. In den Abruzzen und auch auf der apulischen Ebene blühte die Weidewirthschaft ganz besonders. Es hatte sich nämlich die dortige Bevölkerung dem Hannibal angeschlossen, als er in Italien hauste, wofür sie später seitens der Römer an ihrer Freiheit gestraft wurde, der Staatssclaverei anheim fiel. Die Gemeinden verkümmerten und der Boden wurde von den Siegern zu Weideland gemacht. Man zog Pferde, Rinder, Esel, Maulesel, hauptsächlich, um die Gutsbesitzer, Frachtführer, Soldaten u. s. w. mit dem nöthigen Vieh zu versehen. Auch Schweine- und Ziegenheerden gab es in großer Anzahl. Am großartigsten jedoch war die Schafzucht entwickelt, was sich daraus erklärt, daß zu damaliger Zeit fast durchgängig wollene Stoffe getragen wurden. Eine Nachahmung solcher Bauernvertreibung und Schafzüchterei hat bekanntlich in England stattgefunden, wo mancher reiche Lord sein ungeheures Vermögen nur dem Umstande zu verdanken hat, daß seine Vorfahren so gelehrige Schüler der räuberischen Römer waren.

Die Arbeit auf den Weiden wurde selbstverständlich auch durch Sclaven verrichtet. An Stelle des Wirthschafters trat hier der Viehmeister. Die Hirtensklaven waren meist kräftige Gestalten, andere hätten jedenfalls die großen Strapazen, welche sie durchzumachen hatten, gar nicht ertragen. Sie kamen den ganzen Sommer über nicht unter Dach, sondern hausten, oft meilenweit von menschlichen Wohnungen entfernt, unter Hürden, Schuppen rc. und waren gewöhnlich beritten und bewaffnet.

Was die Ausbreitung der Weidewirthschaft sehr förderte, das waren die niederen Kornpreise, wie sie in Rom damals herrschten. Es kam immer mehr überseeisches Korn ins Land, so daß man nicht allein die ganze Armee davon unterhalten konnte, sondern auch noch große Massen in der Hauptstadt zu Schleuderpreisen zu veräußern vermochte. Angesichts der immer bedenklicher sich ausbreitenden Massenarmuth mußte die Regierung wohl oder übel darauf bedacht sein, daß es nie an wohlfeilem Getreide mangelte. Und da die Fruchtfülle ja sozusagen dahergeschneit kam, weil die Stadthalter in allen Provinzen den Korndiebstahl im großartigsten Maßstabe betrieben, so gehörte keine große Kunst dazu, die Kornpreise niedrig zu halten. In den Jahren 202—200 wurde z. B. in Rom ein dem ehemaligen preußischen Scheffel gleiches Quantum Weizen aus Spanien oder Afrika zu 24, ja zu 12 Assen (1,70—0,85 Mark) abgegeben. In fruchtbaren Jahren wurde in den italischen Häfen das sicilische und sardinische Korn um die Fracht losgeschlagen. Wie hätten da die einheimischen Bauern noch bestehen sollen? Das Ackerland wurde immer mehr entwerthet, die Bauernschaft zusehends ruinirt; und nur noch der reiche Großgrundbesitzer, der in erster Linie für seinen eigenen Bedarf, d. h. für den Unterhalt zahlreicher zu allerlei Zwecken verwandter Sclaven, Ackerbau, daneben aber in großem Maßstabe Viehzucht und Oel- und Weinproduction treiben ließ, konnte einer solchen Kalamität trotzen und sogar noch dabei gewinnen, indem er leicht seine Güter zu vergrößern im Stande war.

Gleichzeitig kam auch das Wucher- und Bankgeschäft immer mehr in Flor. Und bei dem beständig zunehmenden auswärtigen Handel entwickelte sich das Lieferantenthum ungemein schnell, wohingegen bei dieser Sachlage die Industrie nur ganz langsame Fortschritte machen konnte. Der Geschäftsbetrieb aller dieser Wirthschaftszweige wurde ebenfalls vermittelst Sclaven bewerkstelligt. Der Geldverleiher ließ seine Bücher durch freigelassene Sclaven führen. Gesellschaften, welche vom Staate die Steuern erpachtet hatten, verwandten Sclaven als Beamte. Wer in Bauunternehmungen machte, kaufte sich Architektensclaven. Wer sich damit abgab, Schau- oder Fechterspiele für Rechnung der betreffenden Beamten zu besorgen, erhandelte oder erzog sich eine spielkundige Sclaventruppe oder eine Bande zum Fechterhandwerk abgerichteter Knechte. Der Kaufmann ließ sich seine Waaren auf eigenen Schiffen unter der Führung von Sclaven oder Freigelassenen kommen und vertrieb sie wieder in derselben Weise im Groß- und Kleinverkehr. Daß die Bergwerke und die wenigen industriellen Unternehmungen ebenfalls lediglich durch Sclaven betrieben wurden, versteht sich nach dem oben Bemerkten von selbst.

Die Lage aller dieser Sclaven war natürlich auch keine beneidenswerthe und durchgängig schlechter, als die der griechischen Sclaven; dennoch befanden sich — abgesehen von den zu ganz ordinären Handtirungen benützten — die Industrie- und Handelssclaven 2c. durchschnittlich in einer günstigeren Situatinon, als die Gutsknechte oder Feld'claven. Der Unterschied dürfte dem ähnlich gewesen sein, welcher heutzutage zwischen den Tagelöhnern auf dem Lande und den Lohnarbeitern in den Städten besteht.

Der Geschäftsverkehr war großartig, und das römische Geld rollirte auf der ganzen damaligen kultivirten Welt. Aller Handelsgewinn floß mehr oder weniger in Rom zusammen, weil die meisten Kapitalisten, wenn sie auch noch so fernabliegende Gebiete beschritten, schließlich wieder nach Rom kamen und von hier aus ihre Geschäfte fortsetzten. Was man in dem damaligen Zeitalter zu Rom unter Reichthum verstand, kann man ungefähr daraus ersehen, daß z. B. Lucius Paullus bei einem Vermögen von 60 Talenten (300,000 Mark) nicht als reicher Senator galt. Eine Mitgift von 50 Talenten (250,000 Mark), wie sie Scipio Afrikanus jeder seiner älteren Töchter verabfolgte, wurde nicht für großartig erachtet, wohingegen der reichste Mann von Griechenland damals nur 300 Talente (1,500,000 Mark) besaß.

Der Kapitalismus wurde nachgerade vorherrschend. Die Erhaltung und Vermehrung des Vermögens stand bei der öffentlichen und Privatmoral so ziemlich obenan. „In Rom", sagt Polybios, „schenkt Niemand etwas her, wer nicht muß, und Keiner zahlt einen Pfennig vor dem Verfalltage, auch unter nahen Angehörigen nicht.“ Jedermann, der für ordentlich gelten wollte, war moralisch gezwungen, Buch zu führen. In wohleingerichteten Häusern gab es eigene Rechnungszimmer. Wie sich heute der vornehme Pöbel duellirt, so forderte damals ein Beleidigter seinen Gegner zu einer Wette heraus. Aktiengesellschaften entstanden massenhaft, und Kapitalistenbündnisse behufs gemeinsamer Steigerung von Waarenpreisen u. s. w. kamen gleichfalls häufig vor. Namentlich in den überseeischen und sonstigen unsicheren Geschäften nahm das Associationswesen eine solche Ausdehnung an, daß es praktisch an die Stelle der dem Alterthum unbekannten Versicherungs-Gesellschaften trat. Es war überhaupt römische Wirthschaftsregel, sich lieber bei vielen Spekulationen mit kleinen Antheilen zu betheiligen, als selbstständig zu spekuliren So griffen diese Gesellschaften mit hundertfachen Fäden in die Oekonomie eines jeden reichen Römers ein. Es gab kaum einen vermögenden Mann in Rom, der nicht als offener oder stiller Gesellschafter bei den Staatspachtungen betheiligt gewesen wäre, um wie viel mehr mußten daher alle Reichen den Privatgesellschaften ihre Aufmerksamkeit geschenkt haben. Selbst die Noth des Volkes bildete eine gute Erwerbsquelle für Aktiengesellschaften, die Leihhäuser errichteten. Und es war wenig damit gedient, wenn Cato hierüber also zeterte: „Unsere Vorfahren haben verordnet, daß der Dieb zwiefachen, der Zinsnehmer aber vierfachen Ersatz zu leisten schuldig sei, woraus man abnehmen kann, als ein wie viel schlechterer Bürger der Zinsnehmer denn der Dieb von ihnen erachtet wurde... der Unterschied zwischen einem Geldverleiher und einem Mörder ist nicht groß...“ In der That haben die Wucherer die Kleinbauern förmlich umgebracht. Denn bald staken die Letzteren so sehr in Schulden, daß sie ihre Gütchen an die Kapitalisten ablassen mußten. Ganze Distrikte wurden auf diese Weise entvölkert. Wo vielleicht bisher 100—150 Bauernfamilien Landwirthschaft trieben, trat an deren Stelle eine Kapitalistenfamilie mit etwa 50 Sklaven.

Wie rasch die Zahl der Grundbesitzer abnahm, zeigt Folgendes: Rom zählte im Jahre 252 noch 298,000 Grundbesitzer, 30 Jahre später nur noch 270,000 uud weitere 20 Jahre darnach gar nur noch 214,000. Der Tisch des armen freien Mannes wurde immer schlechter bestellt; aber die Zahl der Sklaven wuchs fortwährend! Trotz alledem und alledem wollten die Reichen keine Gefahr für das Gemeinwesen in diesen Zuständen erblicken, ja sie wurden immer hochmüthiger. Ein Kapitalistenweib kam einmal auf dem Markte ins Volksgedränge und ließ in ihrem Zorne die Worte fallen, es sei hohe Zeit, daß man einmal die Plebs gehörig zusammenhaue, damit Platz werde! —

Mit dem wachsenden Reichthum der Wenigen wuchs auch deren Sittenlosigkeit und Prasserei. Der raffinirteste Luxus wurde nun getrieben, die Tafeleien arteten in solche Orgien aus, daß es zeitweilig dem Senat selbst davor graute. In geschlechtlicher Beziehung waren die scandalösesten Ausschweifungen, die widernatürlichsten Gemeinheiten allgemein im Schwunge. Die Ehe wurde zum gewöhnlichsten Geldgeschäfte und die Freudenhäuser mehrten sich beständig. Trinkgelage, Hazardspiele, Corsofahrten, Thierhetzen, Fechterspiele zc. zc. kamen immer mehr in Mode. Und was im Uebrigen die Moral der satten Leute betrifft, die Moral, vermöge welcher sie eben satt wurden, so sagt

Mommsen in einem lichten Augenblicke: „Man stahl womöglich nicht geradezu; aber alle krummen Wege, zu schnellem Reichthum zu gelangen, schienen erlaubt.“ Gerade wie heutzutage in gewissen Ländern! — Und Herr Mommsen ist einer der Letzten, die daran etwas zu tadeln finden, gleichwie dieser Professor die Raubmördereien Sulla's und Cäsars nur lobenswerth fand. Consequenz ist eben nicht eines Jeden Sache. —

VI.

Vorboten der socialen Revolution.

Ungefähr 140 Jahre vor Beginn unserer Zeitrechnung hatte Rom sozusagen den Gipfel seiner Macht erklommen, indem sämmtliche Staaten der damaligen Kultur — von den entfernteren, fast gänzlich unbekannten Staaten Ostasiens abgesehen — ihm botmäßig waren. Was später noch erobert wurde, war „barbarisches“ Land. In Europa, Asien und Afrika hatten die Römer mit ehernem Tritt ihre Herrschaft weiter und immer weiter getragen und vor dem Staatskoloß lagen alle Anwohner des mittelländischen Meeres im Staube. Aber diese riesenhafte Macht war gleichwohl schon damals innerlich total zerfressen; der äußerlich so großartig dastehende Staatsorganismus barg die ungeheuerlichsten Uebel, welche die Schatten furchtbarer Katastrophen in unheimlichen Umrissen vor sich herwarfen. Die sociale Frage stand auf der Tagesordnung! Ein neuer, ein innerer Hannibal erhob das Haupt!

Noch wäre durch weitgehende Reformen zu helfen gewesen, jedoch bezeugten Diejenigen, welche mit Leichtigkeit solche vermocht hätten, nicht die mindeste Lust, auch nur ein Jota an dem Bestehenden zu ändern, vielmehr tobten sie gegen Jeden, der mit solchen Anforderungen an sie herantrat. Je ungeheuerer das Besitzthum der Geldaristokratie anschwoll, desto herrschsüchtiger wurde dieselbe. Bestanden auch innerhalb der herrschenden Klasse mehrere Parteien, so war diese selbst in ihrer Gesammtheit doch ein und desselben Charakters, und es handelte sich bei dem ganzen Hader nur um die gegenseitige Verdrängung von der Kandidatur zu wichtigen und einträglichen Aemtern. Bestechungen und politische Heuchelei waren die Hauptbebel, womit sich die Concurrirenden gegenseitig aus dem Sattel zu heben suchten. Die socialen Verhältnisse, wie sie im letzten Kapitel schon geschildert wurden, gestalteten sich immer mißlicher. Die bäuerliche Landwirthschaft schrumpfte zusehends zusammen und der kapitalistische Großbetrieb mit zahllosen Sklaven wurde mehr und mehr zur Regel.

Während früher die Kriegsgefangenen und die Kinder der Knechte ausreichten, den Bedarf an Sklaven zu decken, fand man sich jetzt veranlaßt, förmliche Menschenjagden zu veranstalten. Die Ausnutzung der Sklaven wurde nämlich nachgerade so rücksichtslos betrieben, daß selbst die massenhafteste Zufuhr von Kriegsgefangenen die rasche Verbrauchung der menschlichen Arbeitswaare nicht auszugleichen vermochte. Und wie bedeutend diese Zufuhr war, dürfte aus folgenden Beispielen erhellen. Nach dem sardinischen Kriege (177), bei welchem mindestens 80,000 Feinde erschlagen oder zu Gefangenen gemacht wurden, kamen so viele Sklaven auf den Markt, daß deren Preis beträchtlich fiel. Ein

Sprüchwort lautete: „Spottwohlfeil wie ein Sarde.“ Nach der Besiegung des Perseus wurden nicht weniger als 150,000 Gefangene auf den Sklavenmarkt geworfen. Manche Kriege wurden lediglich deshalb angezettelt, um möglichst viele Sklaven einfangen zu können. Dem Heere folgten stets viele Sklavenhändler, ja die Feldherren spekulirten selbst mitunter mit Kriegsgefangenen. Sardinien und Corsika wurde nur an den Küsten besetzt, während die Einwohner im Innern dieser Inseln mit Hunden gehetzt, aufgegriffen und verkauft wurden. Kein Land, wo sich das gesuchte Wild vorfand, blieb verschont; überall fahndete man nach Sklaven. Selbst in Italien ist es oft genug vorgekommen, daß freie, verarmte Leute von Gutsbesitzern unter die Sklaven gesteckt wurden.

Die Hauptquelle für die Sklaven-Märkte war indeß Vorderasien, wo ein sehr kräftiger Menschenschlag lebte, den man einfach für von Hause aus zum Sklavendienst geschaffen erklärte, ähnlich wie man in unseren Tagen die Neger als geborene Sklaven bezeichnete. Die zahlreichen Seeräuber damaliger Zeit waren auch die ärgsten Sklavenjäger und die beliebtesten Lieferanten der Römer. Uebrigens gingen auch römische Zollpächter auf Menschenraub aus. Zu Delos, wo der Hauptsitz des Sklavenhandels war, sollen oft an einem Tage bis zu 10,000 Sklaven ausgeschifft und sammt und sonders schon vor Sonnenuntergang verkauft worden sein.

Die Plantagenwirthschaft, welche aus dem Orient nach Karthago und durch die Karthager nach Sicilien verpflanzt worden war, wurde von den Römern immer mehr angewandt. Dieselbe hatte die unerhörtesten Grausamkeiten im Gefolge. Die Felder wurden bei diesem System gewöhnlich durch Sklaven bestellt, die in Ketten gingen und gebrandmarkt waren. Nachts wurden dieselben in finstere Kerker, die schon früher erwähnten Sklavenzwinger, gesperrt; das geringste Vergehen wurde blutig geahndet. Widersätzlichkeiten bestrafte der Gutsbesitzer auf wahrhaft diabolische Weise; das Auspeitschen oder das Abhacken der Hände waren noch gelinde Strafen; oft warf man die Unglücklichen wilden Thieren zum Fressen vor oder schnitt ihnen die Zunge aus und schlug sie hernach ans Kreuz. Wurde ein Gutsbesitzer von einem Sklaven ermordet, so mußten sämmtliche Sklaven des betreffenden Gutes sterben. Die Sklaven kosteten freilich Geld, allein die Plantagenbesitzer scheuten sich deshalb doch nicht, ihrer Rachgier Genüge zu leisten, waren sie ja reich genug. Die Gefahren eines solchen Unwesens liegen auf der Hand und waren auch den Römern kein Geheimniß; allein damaliger Zeit war die Sklaverei so sehr als eine unentbehrliche Einrichtung aufgefaßt worden, daß man Jeden der „verbrecherischen Thorheit“ geziehen hätte, wenn er für die Abschaffung derselben eingetreten wäre. In der That hat man im ganzen Alterthum nie und nirgends ernsthaft die Sklavenemancipation angestrebt; und wenn, wie in einigen Staaten Griechenlands, die Sklaven verhältnißmäßig human behandelt wurden, so galt dies für das Höchste, was an Idealismus realisirbar gedacht wurde, geradeso, wie jetzt bei den „liberalen“ Oekonomen das sogenannte „gute Einvernehmen“ zwischen Fabrikanten und Arbeitern.

Aber, wie bereits dargelegt wurde, die Sklaverei war nur die eine, freilich die schwärzeste Seite der socialen Misere; daneben gähnte noch ein anderer Abgrund, der das Gemeinwesen zu verschlingen drohte, der Abgrund des Pauperismus, welcher immer bedenklichere Dimensionen annahm. Die Umwandlung der Bauerngüter in Plantagen (Latifundien) nahm ihren ungeschwächten Fortgang; die Zahl der Proletarier, der ihres Eigenthums beraubten Glieder der vormaligen Mittelklasse, wuchs fortwährend. Und wenn mit der Verarmung auch die Verkommenheit und Energielosigkeit der Massen zunahmen, so konnte es dennoch nicht verborgen bleiben, daß dieses besitz- und arbeitslose Volk nicht die Absicht hatte, sich für alle Zeiten mit den Brosamen abspeisen zu lassen, welche von den Tafeln der Reichen abfielen. Durch Kornspenden und Volksfeste konnte man den vielarmigen Riesen allenfalls momentan beschwichtigen, jedoch durfte man nicht glauben, daß hiermit mehr als eine vorübergehende Beschwörung des Sturmes zu erzielen sei. Andererseits schreckte aber die besitzende und regierende Klasse vor jeder halbwegs vernünftigen Reform zurück; und selbst die früher gebräuchlichen Palliativmittel kamen immer seltener in Anwendung. Von der Austheilung eroberter Ländereien unter den armen Bürgern war keine Rede mehr, ja sogar die Auswanderung, dieses letzte Auskunftsmittel, zu welchem verkommende Gesellschaften ihre Zuflucht nehmen, ward möglichst hintertrieben. Man fürchtete nämlich, daß die entfernteren Provinzen durch die Ansiedelung von römischen Bauern sich dermaßen kräftigen würden, daß die systematische Ausraubung gedachter Ländereien, wie sie zur Regel geworden war, ein Ende nehmen müßte. Außerdem brauchte man ja die Stimmen der hauptstädtischen Menge!

„So umschlingen“, sagt Bücher drastisch, „Geldoligarchie (die Herrschaft einer besitzenden Minderheit), Pauperismus (Massenarmuth), Sclaventhum das ganze Leben der Alten, ein entsetzlicher dreigliedriger Ring, von dem kein Stück zu lösen war, ohne die anderen aus ihrer Lage zu rücken.“ Die Frage war nicht mehr, ob, sondern wenn sich die Revolution jener Unterdrückten bemächtige werde. Die Proletarier hatten freilich den gesetzlichen Weg vor sich, welchen sie beschreiten konnten, aber sie waren bereits derart verwildert, daß nur dann dieser Fall eintreten konnte, wenn sich ihrer ein Mitglied der vornehmen Klasse annahm. Dieser Fall trat zunächst wirklich ein, indem Tiberius Gracchus als Reformer auf dem Plane erschien. Ehe ich aber die diesbezüglichen Ereignisse bespreche, habe ich in den folgenden Kapiteln Begebenheiten zu schildern, welche aus der Sclavenfrage entsprangen. Erstlich sind diese jenen zeitlich vorangegangen und zweitens kamen hiebei Prinzipien in Betracht, gegen welche die weitgehendsten Bestrebungen der Proletarier harmlose Spielereien bildeten.

Für den Sclaven war jeder gesetzliche Weg zu einem menschenwürdigen Dasein verrammelt; er war ja nur eine rechtlose Sache, mit welcher deren Besitzer nach Belieben schalten und walten konnte. Wie oft kam es aber vor, daß die Sclaven ihre Herren an Bildung weit überragten. Mußte in einem solchen Falle die Geknechteten nicht die Wuth der Verzweiflung beschleichen? Mußten die zahllosen Grausamkeiten, welche die Herren fort und fort an ihren Sclaven verübten, diese nicht zur Empörung aufstacheln? Mitunter griffen die Knechte zum Selbstmord, um sich von den unerträglichen Fesseln zu befreien, welches verzweiflungsvolle Mittel bekanntlich auch von den Negersclaven der Neuzeit häufig angewendet wird. Außer dem Selbstmord konnte lediglich die Erhebung in Masse zu einer Befreiung führen. Diese war jedoch so schwer wie möglich zu bewerkstelligen, weil die Herren sehr darauf bedacht waren, daß ihre Sclaven von einander fern gehalten wurden. Trotzdem muß etwa 150 Jahre vor Beginn unserer Zeitrechnung eine allgemeine, ja eine internationale Sclavenverschwörung bestanden haben, die sich über alle Länder des mittelländischen Meeres erstreckte und auch alsbald an verschiedenen Stellen die Sclavenrevolution zum Ausbruch brachte. Das Nähere hierüber ist für die folgenden Abschnitte vorbehalten; hier habe ich einiger älterer Revolten zu erwähnen, die gleichsam den allgemeinen Sturm im vorhinein verkündeten, und die zugleich den Beweis lieferten, daß selbst die blutigste Ahndung eines Aufstandes nicht hinreicht, für immer die unterjochte Menschheit vom Zerreißen ihrer Ketten abzuschrecken. Gleiche Ursachen müssen eben unter allen Umständen zu gleichen Wirkungen treiben. Das Uebermaß der Tyrannei hat stets zu Revolutionen geführt; und wenn gewisse Staatsmänner diese Thatsache, welche die Geschichte uns so eindringlich vor Augen hält, nicht mißkennen wollten, so wäre es nicht möglich, daß auch heute noch fortschreitende Strömungen, die lediglich aus der Unerträglichkeit bestehender Zustände resultiren, mittelst drakonischer Gesetze zu dämmen gesucht werden, statt daß sich die Ueberzeugung Bahn bricht, es müsse bei solchen Verhältnissen die Axt an die betreffenden üblen Einrichtungen gelegt werden, welche die Mißstimmung und revolutionäre Haltung des Volkes verschuldet haben.

Bei der Mangelhaftigkeit der Geschichtsquellen über die Begebenheiten der früheren Zeit im alten Rom ist sicher anzunehmen, daß mancher Sclavenaufstand gänzlich unverzeichnet blieb, und daß daher die wenigen Berichte über derartige Begebenheiten nur ein unvollständiges Bild von der fürchterlichen Kette der Empörungen liefern, die ohne Zweifel das ganze Alterthum durchzog. Selbst die mitgetheilten Daten entbehren noch der näheren Ausführung und können daher auch hier nur fragmentarisch oder andeutungsweise wiedergegeben werden. Es ist, als ob das Rütteln der Sclaven an ihren Ketten ihre Peiniger vor Schrecken stumm gemacht hätte. Und wie sehr die Feinde aller Umgestaltung jeweiliger socialer Grundlagen bemüht sind, alle wahrheitsgemäßen Aufzeichnungen über revolutionäre Ereignisse zu hintertreiben — um nur ja nicht in den Spiegel der Schande blicken zu müssen — das beweist unter Anderem auch die heillose Angst, die gegenwärtig in den Kreisen der herrschenden Klassen vor allen Mittheilungen sich offenbarte, welche sich auf die Pariser Commune-Erhebung vom Jahre 1871 beziehen. Genug, ich führe hier an, was aus der Geschichte ersichtlich ist.

Darnach ereignete sich im Jahre 419 vor unserer Zeitrechnung der erste Fall, in welchem römische Sclaven daran gingen, sich die Freiheit zu verschaffen. Wie die sclavenfeindlichen Schriftsteller berichten, hatten sich damals eine Anzahl von Sclaven verschworen, Rom zur Nachtzeit an vielen Stellen gleichzeitig anzuzünden und im allgemeinen Wirrwar sich der Burg und des Kapitols zu bemächtigen. Von diesen festen Punkten aus wollten sie an alle Sclaven die Aufforderung zu einer allgemeinen Erhebung ergehen lassen, um alle Herren niederzumachen und deren Güter unter sich zu vertheilen. Durch Verrath wurde der Plan entdeckt, worauf man die „Rädelsführer“ ergriff und kreuzigte. —

Im Jahre 217 wurden in Rom 25 Sclaven gekreuzigt, weil sie sich „verschworen" hatten. Daß indeß von 419—217 niemals seitens der Sclaven irgend ein Unternehmen geplant worden wäre, welches sich geeignet hätte, deren Befreiung zu bewerkstelligen, ist nicht wohl anzunehmen, zumal sich aus den folgenden Notizen ergiebt, daß die Revolten und Verschwörungen nach 217 in kurzen Zwischenräumen auf einander folgten. Immerhin mag zur Zeit der kleinbäuerlichen Wirthschaft, wo, wie ich schon früher bemerkte, die Lage der Sclaven noch nicht so unerträglich war, wie bei der späteren Latifundien-Wirthschaft seltener ein Aufstand ausgebrochen sein, aber doch gewiß nicht so selten, als die Ueberlieferung lehrt.

Eine ganz bedeutende Sclavenerhebung sollte im Jahre 198 stattfinden, und wenn nicht der Verrath auch diesen Anschlag vereitelt hätte, wäre es den Römern zweifellos nicht leicht geworden, die Bewegung zu dämpfen; denn diesmal bestand eine förmliche Organisation unter den Sclaven. In Setia und anderen Städten Latiums waren nämlich damals die Geiseln internirt, welche Karthago nach dem zweiten punischen Kriege behufs Friedensbürgschaft gestellt hatte; und diese Leute waren vornehmer Art und hatten zahlreiche Sclaven um sich. Letztere sollen nun agitatorisch in der ganzen Gegend gewirkt, resp. die Knechte weit und breit aufgereizt haben (ohne „Aufreizung" konnte man sich natürlich damals, wie jetzt, keine fortschrittliche Bewegung denken). Wie es in Wirklichkeit in dieser Beziehung stand, kann heute nicht mehr entschieden werden, nur das steht fest, daß in einem weiten Distrikt die Sclaven sich zu gemeinsamem Handeln gegen ihre Herren entschlossen hatten. Bei Gelegenheit der öffentlichen Spiele, die zu Setia stattfinden sollten, gedachten die Verschworenen sich der Stadt zu bemächtigen, um von da aus nach allen Richtungen hin den Aufruhr weiter zu tragen. Nur noch wenige Tage stand man vor dem kritischen Moment, als die ganze Sache durch zwei Verschworene dem städtischen Prätor Cornelius Lentulus verrathen wurde. Dieser benachrichtigte sofort den Senat davon, welcher, von panischem Schrecken erfaßt, den Lentulus (die Consuln waren gerade abwesend) bevollmächtigte, die „Umtriebe" gründlich zu unterdrücken. In aller Eile raffte der Prätor etwa 2000 Mann Bewaffnete zusammen und eilte zurück nach Setia, um daselbst à la Mac Mahon zu wüthen. Die sogenannten „Rädelsführer" wurden selbstverständlich zunächst ergriffen, dann aber auch zahlreiche andere „Verschwörer". Die Sclaven geriethen in schreckliche Verwirrung und suchten zum Theil zu fliehen; allein sie entrannen den „Ordnungs"-Hyänen nicht, Durch Streifschaaren wurden die Unglücklichen aufgespürt und eingefangen. Mehr als 2000 Menschen, welche das „Verbrechen" begangen hatten, an ihre Befreiung vom Sclavenjoch zu denken, wurden erbarmungslos abgeschlachtet. Das Ausbeutungs-Raubthier war eben zu allen Zeiten die gräulichste Bestie, welche die Erde trägt. Der siegreiche Prätor eilte nach Rom, um sich dort für die vollbrachte Gesellschaftsrettung belobigen zu lassen; allein er wurde alsbald abermals auf den Schauplatz seiner Henkerthaten gerufen. Das Schuldbewußtsein der Sclavenhalter sah noch immer Gespenster; eine neue „Verschwörung", hieß es, sei ausgebrochen, und zwar sollten diesmal die Sclaven die Absicht gehegt haben, sich der Stadt Pränesta zu bemächtigen. Nach der soeben erlittenen schrecklichen

Niederlage mögen aber die armen Knechte schwerlich derartige Absichten gehegt haben; wahrscheinlich hatte man es nur mit Gerüchten zu thun, die in den Augen der sauberen Ausbeuter sich zu Thatsachen erweiterten. Lentulus, der Ober-Ordnungs-Bandit, fand es indessen immerhin für angemessen, eine neue Blutabzapfung vorzunehmen. Er ließ 500 „verdächtige" Sclaven ergreifen und hinrichten! —

Hatte man hier gegen revolutionäre Absichten gewüthet, so nahm die Sache zwei Jahre später (196) in einer anderen Gegend eine viel ernstere Gestalt an. In Etrurien empörten sich die bis aufs Blut gepeinigten Feldarbeiter in ganz bedeutender Anzahl, so daß eine vollständige Legion unter Führung des Prätoren Glabrio nur mit knapper Noth den Sieg erringen konnte. Es wurden förmliche Schlachten geliefert, und die Zahl der erschlagenen und gefangenen Sclaven war eine sehr große. Wohl denen, die im Kampfe fielen; denn an den Gefangenen ward fürchterliche Rache genommen. Die Führer des Aufstandes wurden sogleich gemartert und ans Kreuz geschlagen; die Uebrigen gab man den einzelnen Sclavenhaltern zurück, die ihren Blutdurst in der raffinirtesten Weise sättigten.

In Apulien, Calabrien, Lukanien und anderen süditalischen Gegenden, wo die Römer nach dem Hannibal'schen Kriege die bäuerliche Einwohnerschaft förmlich ausgerottet hatten, und wo hierauf an Stelle des Ackerbaues großentheils Weidewirthschaft eingeführt wurde, kam es auch alsbald zu Unruhen unter den Hirten-Sclaven, ganz abgesehen davon, daß sich oft genug der Viehhüter Angesichts seiner verzweiflungsvollen Lage in einen Räuber verwandelte und in Gemeinschaft mit ähnlichen Unglücklichen die Landstraßen unsicher machte. Zehn Jahre lang (192—182) kam alljährlich ein Prätor mit militärischer Macht in jene Gebiete, augenscheinlich um die „Ordnung" zu schützen; dies hinderte jedoch die Sclaven nicht, sich zu verschwören. Um 185 scheint der Sturm ausgebrochen zu sein — Genaueres wird darüber nirgends mitgetheilt —; denn man hat in dem gedachten Jahre ca. 7,000 Sclaven „bestraft", d. h. größtentheils grausam ums Leben gebracht, während viele andere nach allen Windrichtungen versprengt wurden.

VII.

Die große Sclavenrevolution auf Sicilien.

Die früheren Sklaven-Erhebungen, weit entfernt, die römischen Krautjunker zu überzeugen, daß ein Beharren auf dem alten System zu unabsehbaren Wirrnissen führen müsse, scheinen den Unmenschen nur zum Anlaß gedient zu haben, ihre Grausamkeiten — wenn dies überhaupt noch möglich war — zu erhöhen und das gemeingefährliche Wirthschaftswesen, durch welches auf der einen Seite die freien Kleinbauern proletarisirt und auf der anderen Seite die Sklavenmassen immer ärger verknechtet und damit zur Empörung getrieben wurden, unerbittlich zu verallgemeinern. Bücher, dem ich in der Darstellung des sicilianischen Sklavenkampfes hauptsächlich folge, sagt im Hinblick auf diesen Umstand sehr richtig: „Das eben ist das Verhängnißvolle solcher einseitigen wirthschaftlichen Entwickelungen, daß Diejenigen, welche mitten inne stehen, sei es aus Gedankenlosigkeit, sei es in Folge der Trägheit und Hartnäckigkeit, mit welcher der Durchschnittsmensch an altgewohnten Einrichtungen festhält, die ganze Gefahr der Lage entweder gar nicht oder erst dann bemerkt, wenn mit den gewöhnlichen Mitteln der Verwaltung und Gesetzgebung nicht mehr auszukommen ist und die harten Fäuste der Massen an die Schranken befestigter Sonderinteressen und überkommener Anschauungen pochen."

Die Lage Siciliens und der weitverzweigte Handel, den nun die Römer, namentlich seit sie Karthago und Korinth zerstört hatten, ganz ausschließlich beherrschten, brachten es mit sich, daß auf dieser Insel eine wahrhaft internationale Musterkarte aller Völker auflag. Wenn auch die griechische Sprache und Sitte vorwogen, so blieb doch der verschiedene Charakter, besonders unter den Sklaven, die ja rasch verbraucht und ebenso rasch durch neue Zufuhren von Außen ersetzt wurden. Indessen seit die Römer das Eiland in Besitz genommen hatten, trat der Nationalitäten-Unterschied sichtlich zurück vor dem Klassenunterschied, der hier am ausgeprägtesten zu Tage lag. Sicilien, dieses von der Natur mit außerordentlicher Gunst beglückte Land, war stets — vielleicht gerade seiner Fruchtbarkeit wegen — ein Heerd der wüstesten Ausbeutungsorgien; und auch heutzutage beweist uns die Maffia (die Verbindung der zu räuberischer Selbsthülfe greifenden verarmten Bevölkerungsschichten), daß dortselbst noch immer ein ganz besonders trauriges Verhältniß zwischen Reichthum und Armuth herrscht. In der Zeit, von welcher hier zu reden ist, war Sicilien die Kornkammer Roms; und wie volkreich die Insel gewesen sein muß, begreift man, wenn man hört, daß sie in 70 Stadtbezirke eingetheilt war. Aber die socialen Zustände standen in umgekehrtem Verhältniß zu diesem Frucht- und Menschenreichthum, indem sie so heillos wie nur möglich waren. Durch ein schlau ersonnenes System spielte Rom seinen Spekulanten den Grund und Boden Siciliens zu Spottpreisen in die Hände. Die ursprünglichen Grundbesitzer waren mit ihrem Eigenthum streng an ihren Verwaltungsdistrikt gebunden und konnten außerhalb desselben kein Land erwerben. Hierdurch wurde die Veräußerung von Grundstücken sehr erschwert und deren Werth demgemäß herabgedrückt, so daß die römischen Spekulanten, denen der Ankauf nach Belieben gestattet war, mit Leichtigkeit große Güter zusammen kaufen konnten. Die Güterconcentration machte hier so riesige Fortschritte, daß 70 Jahre nach den hier zu schildernden Ereignissen z. B. in dem Leontinischen Distrikte, welcher etwa 30,000 Morgen Ackerland umfaßte, nur 88 Grundbesitzer existirten, von denen ein Einziger ein Eingeborener, alle Anderen aber römische Kapitalisten waren. Der Ackerbau rentirte sich indeß auch für die Großgrundbesitzer nicht durchgängig. Ein Gesetz bestimmte, daß von Sicilien lediglich nach Rom Getreide ausgeführt werden dürfe, was natürlich die Kornpreise sehr niedrig hielt. Darum wurden nur die besten Striche angebaut, während man im Uebrigen Weidewirthschaft trieb, so daß nicht selten die Viehherden weideten, wo die Trümmer griechischer Städte Zeugniß ablegten von dem Vandalismus damaliger Zeit. Die Kleinbauern aber verloren ihre Habe und wurden in den Städten als besitzlose Proletarier zusammengedrängt.

Daß bei solcher Sachlage die Sklaverei auf Sicilien ihre entsetzlichsten Blüthen trieb, kann man sich leicht denken. Die meisten Knechte waren Syrer, die zwar im Allgemeinen ebenso geduldig als kräftig waren, denen jedoch die neuankommenden Schicksalsgefährten nicht umsonst ein Klagelied über die verlorene Freiheit vorsangen. Und was derartige „Aufreizungen" nicht bewirkten, das bewerkstelligte die schmähliche Behandlung, welche den sicilianischen Sklaven zu Theil ward. Bücher, gestützt auf die besten Quellen, beschreibt dieselbe folgendermaßen: „Wo der Ackerbau noch das Feld behauptet hatte, lebten die armen Knechte unter der Aufsicht eines selbst unfreien Verwalters heerdenweise beisammen. Ihre Wohnung bildete die wohlverwahrte Arbeiterkaserne, ein halbunterirdisches Gebäude mit vielen schmalen Fenstern, welche so hoch vom Boden angebracht sein mußten, daß sie nicht mit der Hand erreicht werden konnten. Mit Fesseln belastet, auf Stirn und Gliedern gebrandmakt, zogen sie am frühesten Morgen zu harter Arbeit aus; es war dafür gesorgt, daß sie bis Sonnenuntergang im Athem erhalten wurden . . . . Kein Ruh- und Feiertag war den Unglücklichen vergönnt. Was schadete es, wenn bei der ungesunden Wohnung, bei ungenügender Bekleidung und Beköstigung ein Dutzend oder mehr aus der Heerde zu Grunde gingen? Die reichbefahrenen Sklavenmärkte boten einen im Verhältniß zu den Kosten einer regelmäßigen Ernährung billigen Ersatz. Die Werkzeuge des Landbaues zerfallen nach der Definition eines studirten römischen Bauern in drei Arten: sprachfähige, halbsprachfähige und stumme, d. i Sklaven, Ochsen und Wagen." Etwas besser waren die Hirtensklaven daran, weil sie sich freier bewegen konnten und von den Heerden selbst wesentliche Ernährungssubstanzen zu erlangen vermochten. Außerdem konnten sie der Jagd nachgehen und nebenbei auf — Raub bedacht sein! Auf den Letzteren sind diese Sklaven oft genug von ihren eigenen Herren verwiesen worden, wenn sie von denselben Kleidung oder dgl. forderten. Rauhe, trotzige Gestalten, die nur selten unter Dach kamen, hatten diese Hirten ein wahrhaft erschreckendes Aussehen. In zottigen Thierfellen waren sie gekleidet; zu Waffen dienten ihnen gewaltige Hirtenstäbe und riesige Keulen oder Lanzen. Manche waren beritten, Allen folgte eine Meute starker Hunde. Da darf man sich denn nicht verwundern, daß auf Sicilien mehr und mehr Wege und Stege unsicher wurden und große Räuberbanden allenthalben hausten. Denn nicht nur die obgedachten Hirten suchten sich ihre Lebensbedürfnisse mit dem Knittel in der Faust zu erwerben, sondern auch die verarmten Bauern thaten oft dergleichen, zumal dieselben stets befürchten mußten, von den Großgrundbesitzern ergriffen und in einen Sklavenzwinger gesteckt zu werden, wie nach Diodor immer häufiger geschah.

Der ärgste Tyrann unter den Sklavenhaltern war Damophilos, ein roher, ungebildeter Schwelger, aber unendlich reich und daher sehr angesehen. Er hatte eine Unmasse von Sklaven, von denen er allein als Bediente, Leibwächter u. s. w. eine ganze Schaar verwendete. Seine Feld- und Weidesklaven ließ er selbst am Nothwendigsten Mangel leiden, während er bei seinen täglichen Tafeleien in übermüthiger Weise gemeinschaftlich mit ähnlichen Schlemmern die Arbeitsprodukte jener unglücklichen Knechte verschwendete. Die geringste Widersetzlichkeit dieser Letzteren wurde durch unerhört grausame Strafen geahndet. Das Weib dieses Emporkömmlings paßte genau zu ihrem Manne; denn auch sie kannte keine größere Freude, als Sklaven und Sklavinnen peinigen und martern zu lassen.

Damophilos war freilich nicht der Einzige, der es so trieb, vielmehr ähnelten ihm die Meisten seiner Standesgenossen in allem Wesentlichen, nur scheint er durch einzelne Fälle besonderer Brutalität zufällig am berüchtigtesten geworden zu sein. „Die Folgen," sagt Bücher, „blieben nicht aus: zunehmende Verthierung und störrische Bosheit unter den Ackersklaven, hündische Unterwürfigkeit und hämische Rachegelüste bei den Bedientenschaaren der Städte, Verwilderung und kriegerisches Räuberleben in den ausgedehnten Weidebezirken, die nackte Bettelhaftigkeit und zehrender Neid in den städtischen Armenvierteln und auf den verödeten Dörfern — überall ein Gefühl tödtlichen Hasses gegen die Reichen." Langsam aber sicher bahnten die Sklaven unter sich eine heimliche Organisation an — ohne Presse und ohne Versammlungsrecht! — Dieselbe erstreckte sich bald über den größten Theil der Insel und war ohne Zweifel höchst sorgfältig inscenirt worden; denn andernfalls wäre sie den Herren nicht verborgen geblieben. Der Zweck dieser Verbindung war die Befreiung aller Sklaven, das Mittel die Ermordung der Sklavenhalter, oder vielmehr die Bestrafung derselben, da man das Abthun solcher Bestien füglich nicht Mord nennen kann.

Fast im Mittelpunkte von Sicilien, wo sich damals die Hauptstraßen kreuzten, lag auf einem nur an wenigen Stellen zugänglichen Felsrücken die Stadt Enna, an deren Stelle heute Castrogiovanni steht. Die günstige Lage dieses Orts bestimmte sozusagen ganz von selbst, daß zunächst hier der Hebel der Revolution eingesetzt werden mußte. Dazu gesellten sich aber noch allerlei Nebenumstände, welche dies auch verhältnißmäßig leicht machten, so namentlich die Thatsache, daß zu Enna außerordentlich viele Sklaven zusammengepfercht waren, und daß unter diesen das Haupt der Sklavenverschwörung sich befand.

Eunus — so hieß dieser Mann — hatte in jeder Beziehung das Zeug dazu, die Sklaven im gegebenen Moment um sich zu schaaren und den kühnen Wurf zu thun. Erstens war er ein Syrer, also ein Landsmann der meisten sicilianischen Knechte (siehe oben); und zweitens verstand er es, einerseits in unscheinbarer Maske sich bei den Herren beliebt zu machen und dieselben so in Sicherheit einzuwiegen, andererseits das nöthige Ansehen bei den Sklaven weit und breit sich zu erwerben. Was in letzterer Beziehung berichtet wird, klingt zwar für moderne Ohren sehr komisch, aber wenn man sich die damalige Sachlage und namentlich den Bildungsgrad der versklavten Syrer vor Augen hält, so muß man den Scharfsinn des Eunus höchlichst bewundern. Er kannte seine Leute und wandte diejenigen Mittel an, welche ihnen gegenüber allein von außerordentlicher Wirkung sein konnten. Er verschaffte sich nämlich alsbald den Ruf eines Magiers und Wunderthäters, eines Propheten! Er verstand sich auf's Feuerspeien und auf ähnliche Taschenspielerkunststückchen. Sein Herr und dessen Freunde hatten ihren Spaß an ihm und nahmen es daher auch nur von der heiteren Seite, wenn er ihnen versicherte, es sei ihm die syrische Göttin erschienen und habe ihm die Mittheilung gemacht, daß er noch König eines Syrerreiches ohne Sklaven werde. Wenn die Herren tafelten und voll süßen Weines waren, riefen sie gewöhnlich den

Eunus und erkundigten sich nach dem Zukunftsreiche, um sich über die gern ertheilte Auskunft lustig zu machen. Eunus aber fiel nicht aus seiner Rolle; er war unstreitig ganz befriedigt, daß die Sklavenhalter über seine Pläne lachten, sagte ihnen aber wiederholt, daß er sie einst mit Mäßigung behandeln werde, versteht sich unter allgemeiner Heiterkeit. Aber auf den Scherz folgte blutiger Ernst.

Damophilos hatte seine Grausamkeit gegen die Sklaven dermaßen auf die Spitze getrieben, daß denselben eines Tages der Faden der Geduld zerriß. Sie beschlossen, ihr Joch abzuschütteln, wandten sich aber zuvor an Eunus, ihren Rathgeber. Derselbe verkündete ihnen unter allerlei Gaukeleien die Gunst der Götter und spornte sie an, sofort loszuschlagen. In aller Eile wurden nun etwa 400 Sklaven die Fesseln zerbrochen. Man sammelte sich auf einem Felde unweit des Stadtberges und schwur den Herren den Untergang. Schlecht bewaffnet, aber erfüllt von dem Glauben an seine gerechte Sache, eilte der Sklaventrupp bei einbrechender Dunkelheit gegen Enna hinan, Eunus an der Spitze. In der Stadt hatte man von dem Vorgefallenen keine Ahnung, weshalb die Aufständischen ohne Hinderniß die wichtigsten Straßen besetzen und in die Häuser eindringen konnten. Ueberall wurden die Sklaven aus ihren Zwingern befreit oder es brachen dieselben selbst los, so daß in sehr kurzer Zeit die ganze Stadt in Aufruhr sich befand. Mit den Reichen wurde natürlich nunmehr gründlich abgerechnet; die Meisten wurden erschlagen. Aber Damophilos, der Hauptschurke, befand sich außerhalb der Stadt auf einem seiner zahlreichen Landgüter. Dahin wurde nun eine Schaar entsandt, die den Unmenschen sammt seiner sauberen Gemahlin nach Enna einlieferte. Zwei seiner ehemaligen Sklaven machten ihn hier alsbald nieder, während seine Frau ihren ehemaligen Sclavinnen zur Züchtigung übergeben ward. Diese zahlten ihr nun Einiges von den Peinigungen heim, womit sie in den Tagen ihres Glückes so freigebig war, und stürzten sie schließlich von einem Felsen herab. Dagegen die Tochter der Hingerichteten, die sich nie eine Grausamkeit gegen die Sklaven hatte zu Schulden kommen lassen und die im Gegentheil manchen Mißhandelten einst getröstet hatte, blieb nicht allein unangetastet, sondern wurde sogar durch eine Anzahl zuverlässiger Leute nach einer entfernten Stadt zu ihren Verwandten gebracht. Schon dieser Zug beweist, daß es nicht Mordlust war, die den Sklaven innewohnte, als sie ihre früheren Peiniger abthaten, sondern lediglich das Gefühl der Gerechtigkeit.

Was nun weiter geschah, verdient die ungetheilteste Bewunderung. Im Theater zu Enna versammelten sich die Sieger und gingen sofort an die Organisation eines Gemeinwesens. „Die Aufständischen," sagt mein Gewährsmann, „stellten sich keineswegs als eine Rotte roher Knechte dar, die nur ihre Ketten abgeschüttelt hatten, um im Blute zu waten und dann zu schwelgen, sondern als Männer, die entschlossen sind, sich um jeden Preis aus der socialen Erniedrigung emporzuraffen, ihrer Menschenwürde wieder Anerkennung zu verschaffen und die blutaussaugerische Geldoligarchie als ein Glied der Gesellschaft auszustreichen. Was dagegen an den vorhandenen Zuständen erhaltungswerth und lebensfähig schien, das sollte festgehalten und auf den Trümmern der gestürzten eine neue staatliche Ordnung aufgerichtet werden, welche freilich das Unterste zu oberst kehrte, aber Alles enthielt, was vom rein menschlichen Standpunkte als nach den Umständen erreichbar und wünschenswerth bezeichnet werden kann.“ Man verhehlte sich zwar nicht, daß Roms Macht eine ungeheure sei, der Sicilien allein nicht trotzen könne, man hoffte aber auch, daß die Vorgänge auf Sicilien für die Sklaven weit und breit das Signal zum Losschlagen würden, und daß daher vom italischen Festlande aus keine beträchtliche Armee nach der aufständischen Insel gesandt werden könne. So ging man denn guten Muthes daran, eine allenfalls nöthig werdende Vertheidigung vorzubereiten und vernünftige gesellschaftliche Einrichtungen ins Leben zu rufen.

Die befreiten Sklaven waren größtentheils Orientalen, daher darf man sich nicht wundern, daß sie zunächst einen König wählten. Sie hatten in ihrer Heimath vom republikanischen Princip nie etwas gehört, und die römische Republik war für sie zur Hölle geworden. Uebrigens war der neugewählte König, nämlich, wie man sich denken kann, Eunus, welcher sich jetzt Antiochos nannte, keineswegs ein Despot, sondern ein richtiger Volkskönig, der es sich angelegen sein ließ, seine Pflichten zu erfüllen. Der Frau, die er als Sklave besaß, blieb er auch als König treu. Der Hof-Staat, mit welchem sich Eunus umgeben haben soll, dürfte kaum größer gewesen sein, als zur Wahrung der Autorität, die bei der fraglichen Bevölkerung vielleicht unentbehrlich war, sich als nothwendig erwies. Daß das Schwergewicht der Gewalt eigentlich in den Händen der Gesammtheit blieb, ergiebt sich schon daraus, daß Eunus alsbald eine Volksversammlung berief und über die nöthigsten Dinge Beschlüsse fassen ließ. Die Tüchtigsten unter den Versammelten erwählte er sich zu Rathgebern. Hierunter glänzte ganz besonders ein Grieche Namens Achäos, der bald die tonangebende Rolle spielte und in Wirklichkeit das Steuer lenkte, während Eunus nach wie vor am besten geeignet war, die Menschen zu begeistern.

Achäos, ein fein gebildeter Mann, hatte ein ausgezeichnetes Organisationstalent, einen sicheren Blick und eine rücksichtslose Thatkraft, alles Eigenschaften, die für die gegebene Situation von großem Werthe waren.

Vor Allem galt es nun, eine Armee zu schaffen. In Zeit von 3 Tagen standen denn auch schon ca. 6000 ehemalige Sklaven von Enna kampfgerüstet da; bald gesellten sich hinzu noch etliche Tausende von den Knechten der umliegenden Weiden; allein die Schaar war nur schlecht bewaffnet und hätte einer Truppe römischen Militärs schwerlich lange Stand gehalten, zum Glück war jedoch keine solche in der Nähe. Aexte, Sicheln, Schlachtmesser, im Feuer gehärtete Spitzpfähle 2c. dienten nicht minder zu Waffen, als die Schleuder in den Händen der damit geübten Hirten. Vorläufig hatte man ja auch kein reguläres Kriegsheer zu bekämpfen, sondern den Aufruhr auf Sicilien weiter zu tragen. Dies geschah nun auch mit großer Energie, von Ort zu Ort stürmten die Soldaten der socialen Revolution, befreiten die Sklaven von ihren Fesseln und ließen die Großgrundbesitzer über die Klinge springen. Uebrigens wurde weder geplündert, noch zerstörerisch gehaust. Kleinbauern und Pächter, die ruhig ihre Wirthschaft besorgten, blieben gänzlich unbehelligt. Später schob man freilich den Aufständischen in die Schuhe, sie hätten die Landleute erschlagen und die Gehöfte geplündert und in Brand gesteckt; allein diese Thaten waren von einer ganz anderen Seite ausgegangen. Wie in allen größeren Städten, auf welchen der Fluch römischer Herrschaft lastete, hauste auch in den Städten Siciliens ein verkommenes Lumpenproletariat, das bereits unfähig geworden war, zu revoltiren, und das sich herumlungernd durchbettelte. Dieses Element hörte allerdings mit Vergnügen, daß über die Reichen ein Strafgericht hereingebrochen sei, aber es fiel ihm gar nicht ein, den Aufständischen Heerfolge zu leisten; erst später, als nichts mehr zu riskiren war, zogen diese Leute auf eigene Faust hinaus auf's Land und plünderten die kleinen Bauernhöfe, deren Insassen sie ermordeten.

Als man sich in den noch nicht insurgirten Bezirken vom ersten Schrecken erholt hatte, raffte der Prätor rasch die vorhandene streitbare Mannschaft zusammen und suchte dem Umsichgreifen des Aufstandes Einhalt zu thun. Letzteres scheint insofern gelungen zu sein, als ca. drei Jahre lang (von 143—140) der Sclavenstaat auf den nordöstlichen Theil der Insel beschränkt blieb. Dagegen wurde jeder Angriff, der auf eine Rückerorberung der verlorenen Gebiete gerichtet war, abgeschlagen; auch konnten es die Sclavenhalter nicht verhindern, daß ihre Sclaven massenhaft entsprangen und zum Eunus flüchteten.

Endlich brach an der Südküste ein selbstständiger Sclavenaufstand aus. Kleon, der aus Kilikien stammte und von dort durch Seeräuber nach Sicilien verkauft worden war, wo man ihn als Pferdehirt verwandte, hörte von den Thaten des Eunus und des Achäos und fühlte sich gedrungen, diesen nachzuahmen. Durch einen Handstreich bemächtigte er sich mit einer Anzahl Gleichgesinnter der Stadt Akragas und wurde bald Herr der ganzen Umgegend dieses gut gelegenen Ortes. War dieses Ereigniß für die römischen Herren ein neuer empfindlicher Schlag, so knüpften sie doch daran die Hoffnung, daß nun die beiden Sclavenhäuptlinge mit einander in Streit gerathen und sich gegenseitig schwächen würden; allein dies war eine eitle Hoffnung. Denn Kleon hatte nichts Eiligeres zu thun, als weit und breit die Knechte heranzuziehen und damit nach Enna zu marschiren, nicht, um dort Streit anzufangen, sondern, um sich mit seinem ganzen Anhang, der sich auf ca. 70,000 Köpfe schließlich belaufen haben soll, der Disciplin des Eunus zu unterwerfen. Dieser übertrug ihm indeß einen wichtigen Befehlshaberposten. Jetzt war gar nicht mehr daran zu denken, daß die sicilianische Miliz des Aufstandes Herr werden könne. Ein letzter Versuch, den der Prätor mit 8,000 Mann unternahm, wurde in blutiger Schlacht vereitelt. Es standen eben nicht mehr schlecht bewaffnete Rotten auf dem Plane, sondern es kämpfte auf Seiten der Aufständischen ein wohlorganisirtes und mit guten Waffen versehenes Heer von 20,000 Mann.

In Rom wähnte man trotz alledem noch immer, daß sich Sicilien werde schließlich selber helfen können. Zur Absendung eines Hülfsheres wollte man sich um so weniger verstehen, als zur nämlichen Zeit endlose Kämpfe in Spanien bedeutende Kräfte in Anspruch nahmen. Aber jeder Prätor kehrte als Geschlagener heim; und nach neunjährigen Kämpfen (!) war so ziemlich die ganze Insel im Besitze Derer, die sie einst zum Nutzen Anderer bebauten.

Im Jahre 134 schiffte sich endlich ein römisches Heer ein, um Sicilien wieder zurück zu erobern, doch auch dieses erlitt eine Schlappe.

Ein Jahr später wurde Piso, ein fanatischer Anhänger der auf Sclavenarbeit basirten „Ordnung", zum Consul gewählt und als solcher mit der Aufgabe betraut, der sicilianischen Revolution den Garaus zu machen. Mit Eifer ging dieser Sclavenfeind ans Werk und suchte zunächst die Verbindung mit dem Festlande durch Eroberung eines sicilianischen Hafens wieder herzustellen. So belagerte er denn mit einem zahlreichen Kriegsheere Messana. Dieses wurde hartnäckig vertheidigt, mußte jedoch nach schweren Kämpfen erliegen. Piso watete nun förmlich im Blute der Besatzung. Etwa 8,000 Sclaven wurden niedergemetzelt, alle Gefangenen aber ans Kreuz geschlagen! — —

Nach diesem Erfolge zog der Wütherich schnurstracks gegen das Centrum der Revolution, nach Enna, wohl wissend, daß diese Felsenstadt die ganze Insel beherrschte. Kleine Niederlagen, welche seine Soldaten unterwegs erlitten, hinderten ihn nicht, seinen Plan fest im Auge zu behalten. Die Belagerung von Enna scheiterte aber gänzlich, ja Piso wurde sogar mit großen Verlusten wieder nach der Küste verdrängt. Im Jahre 132 gelang es einem anderen Massenmörder, Namens Rupilius, die Stadt Tauromenion zu nehmen, nicht vermittelst seiner Waffen, sondern unter Beihülfe der Hungersnoth, welcher die Belagerten ausgesetzt wurden. Es war zuletzt so weit gekommen, daß die Eingeschlossenen Menschenfleisch aßen! Komanos, Kleons Bruder, wolle heimlich die Stadt verlassen, wahrscheinlich, um von Auswärts Hülfe zu bringen, wurde jedoch von den Römern gefangen genommen. Vor Rupilius gebracht, sollte er die Lage seiner Kampfgenossen darlegen, er aber verhüllte das Gesicht und tödtete sich durch das Einhalten des Athems! — Doch nicht Alle blieben so standhaft. Als die Unterstadt genommen war und die Sklaven sich in die Burg zurückgezogen hatten, machte Serapion, ihr Kommandant, den Verräther und lieferte die Besatzung ans Messer. Dieselbe wurde gräßlich gemartert und sodann in Abgründe gestürzt. Bis zu dem Raffinement, die Helden der Freiheit auf fernen Inseln langsam hinsiechen zu lassen, hatten es offenbar die römischen „Ordnungs"-Canaillen noch nicht gebracht; solche Schmach war späteren Zeiten vorbehalten.

Von Tauromenion zog Rupilius, wie sein Vorgänger, nach Enna, sich auch hier auf die Wunder des Einschließens verlassend, da es ihm bald einleuchtete, daß an ein Stürmen nicht zu denken sei. Er und Piso scheinen freilich immerhin unzählige Schleuderkugeln verschossen zu haben; denn man findet heute noch solche in den Feldern der fraglichen Gegend. Achäos dürfte bei diesen Kämpfen ums Leben gekommen sein, wenigstens verschwindet sein Name in dieser Periode. Bald fiel auch Kleon gelegentlich eines Ausfalles. Der Tod dieses hochgeschätzten Anführers und die eingerissene Noth an Nahrungsmitteln versetzten die armen Menschen, die nun keine Wahl mehr hatten, als zu verhungern, dem Kreuze zu verfallen oder im Kampfe zu sterben, in Verzweiflung. Auch hier fanden sich zuletzt feige Verräther, welche die Römer in die Stadt ließen, worauf dieselben wie Tiger hausten. Hier und in Tauromenion sollen allein 20,000 Sklaven abgeschlachtet worden sein! —

Eunus wußte sich indeß mit 1000 Bewaffneten rechtzeitig aus dem Staube zu machen. Er floh in unzugängliche Gebirgsschluchten; doch auch diese spürten die Römer bald auf und umstellten sie von allen Seiten, so daß an ein Entrinnen nicht mehr zu denken war. Da tödteten sich die Getreuen des Sklavenführers gegenseitig; nur vier Mann flüchteten sich mit ihm in eine Höhle, welche aber der Feind endlich entdeckte. Eunus soll — man weiß nicht, ob auf Sicilien oder zu Rom — im Gefängniß „an einer häßlichen Krankheit" (die Alten nannten sie Läusesucht) gestorben sein; ich bin dagegen geneigt, anzunehmen, daß man diesen Mann einfach todtgemartert haben wird; während man die Krankheitsgeschichte nur für die Menge erfand, um damit zu beweisen, daß auch die Götter den Gesellschaftsfeind züchtigten.

Mit dem Falle Enna's war gleichsam ganz Sicilien den Römern überliefert. Ernstlicher Widerstand wurde nirgens mehr geleistet; und die Sklaven fing man schaarenweise ein. Mit Ketten beladen, wurden die Gefangenen zusammengetrieben, die meisten hernach gekreuzigt. So war nach zwölfjährigem glücklichem Dasein dem freien Gemeinwesen der Garaus gemacht worden. Und nicht im Geringsten zogen sich die Römer aus dem Vorgefallenen eine Lehre, im Gegentheil hatten sie nichts Eiligeres zu thun, als die alten skandalösen Zustände neuerdings zu etabliren. Die einzige Neuerung bestand darin, daß Enna eine militärische Besatzung bekam! Die Folge war, daß dreißig Jahre später abermals ein Aufstand ausbrach! — —

Ueber die inneren Einrichtungen des Sklavenreichs ist gar nichts verzeichnet, ein Beweis, daß dieselben vortrefflich gewesen sein müssen. Wären sie unsinniger oder unpraktischer Natur gewesen, so hätten gewiß die Sieger in allen Tonarten darüber gezetert oder mindestens gewitzelt.

VIII.

Die Revolution in Italien, Griechenland und Kleinasien.

Die Aufständischen in Sicilien hatten nicht mit Unrecht angenommen, daß ihr Beispiel weit und breit Nachahmung finden werde. Ihr Sieg ging von Mund zu Mund, und wie ein Lauffeuer durcheilte der revolutionäre Gedanke die vornehmlichsten Länder damaliger Kultur, da und dort zündend, überall den Schimmer der Hoffnung in die Herzen der Sklaven werfend. Hätte es zu jenen Zeiten Eisenbahnen, Posten, Pressen ꝛc gegeben, und wäre es möglich gewesen, wie heute, Agitatoren in alle Welt zu senden, welche von Ort zu Ort den Samen der neuen Lehre trugen und ausstreuten, es wäre sicher das Ausbeuterpack mit Stumpf und Stiel ausgerottet worden, es hätte sich das Ungewitter auf allen Enden und Ecken gleichzeitig und mit unwiderstehlicher Gewalt entladen müssen. So aber konnte es geschehen — und im großen Bauernkriege des sechszehnten Jahrhundert fand leider ein Gleiches mit gleichem Mißerfolge statt —, daß bald hier, bald da die Banner der Erhebung entrollt wurden, und daß die Gesammtmacht der herrschenden Klassen sich den einzelnen Lokalaufständen nach einander zuzuwenden und ihnen den Garaus zu machen im Stande war.

Wie weit die Sklavenempörungen um sich griffen, ist ohne Zweifel nicht völlig bekannt, noch viel weniger aber sind es deren Einzelheiten. Wäre es nach den wuthschnaubenden Siegern gegangen, so schwiege die Geschichte wohl gänzlich davon, so aber haben sich einige Bruchstücke von Darstellungen der traurigen Begebenheiten auf unsere Tage vererbt. Dieselben sind nicht genügend zu einer ausführlichen Schilderung des internationalen Sklavenkampfes, doch reichen sie hin zu einer düsteren Scizze.

Im Südwestwinkel Italiens, also in dem der Insel Sicilien zunächst gelegenem Theile des Festlandes, scheint der revolutionäre Blitz zuerst gezündet zu haben: denn schon in den Jahren 143 und 141 erschienen hier die römischen Consuln als sociale Drachentödter, um gegen die ausgebrochenen freiheitlichen Regungen zu wüthen. Wie es Henkern geziemt, sorgten dieselben für die Notirung der Anzahl ihrer Opfer, während eine eingehendere Darstellung der betreffenden Ereignisse unterblieb. Man erfährt nur, daß zu Minturnä 450 Sklaven aus Kreuz geschlagen wurden, und daß in Sinuessa mehr als 4000 Sclaven theils niedergemetzelt, theils gekreuzigt worden sind. In Rom dürfte bei Zeiten der Verrath seine schmachvolle Rolle gespielt und so bewirkt haben, daß gleich beim ersten Auftauchen der „Verschwörung" blutige Gegenmaßregeln ergriffen wurden. Der Geschichtsschreiber begnügte sich mit der lakonischen Notiz, daß 150 „Schuldige" abgethan wurden. Damit sind die Angaben über die Unruhen in Italien erschöpft. Der Umstand aber, daß man lange Zeit nicht wagte, nach Sicilien ein beträchtliches Kriegsheer zu senden, dürfte hinlänglich Zeugniß ablegen von der Situation auf dem Festlande. Jedenfalls herrschte hier allenthalben große Furcht vor der Revolution, daher man sich an die vorhandene militärische Macht krampfhaft angeklammert haben wird. Und als man schließlich doch Truppen nach Sicilien schickte, wird man vermuthlich die Sklaven bis nach der Niederwerfung des dortigen Aufstandes etwas weniger grausam behandelt haben, als gewöhnlich. Dieser Kniff gehört ja zu der allbekannten Volksknechtungs-Manier, die nach dem Satze „Divide et impera" (Theile und herrsche) allezeit betrieben wurde.

In Griechenland lagen die socialen Verhältnisse nicht besser, als in Italien; was dort der Alexandrinismus nicht schon gänzlich verlottert hatte, das war vom Einfluß der römischen Herrschaft vollends zerfressen worden. Einerseits besaß eine Handvoll Menschen alles Vermögen, während die freien Volksmassen total proletarisirt waren, andererseits überwog die Sklavenschaft die Freien in einem ganz ungeheuerlichen Maßstabe. In Athen gab es z. B. schon im Jahre 309 nur 31,000 freie Leute, von denen aber bloß 9000 ein Vermögen von mehr als 2000 Drachmen (1500 Mark) besaßen, und 400,000 Sklaven! In Aegina lebten damals auf kaum zwei Quadratmeilen 470,000 Sklaven; und in Korinth zählte man bald darnach neben 40,000 Freien gar 640,000 Sklaven! Auch in den griechischen Ländern hatte also die sociale Frage sich derart zugespitzt, daß ein allgemeiner Zusammenbruch der Dinge vorauszusehen war. Die Proletarierfrage wurde wiederholt zu lösen versucht, aber stets ohne dauernden Erfolg. Friedliche Bestrebungen auf dem Gebiete des Vereinswesens (es gab zeitweilig Spar- und Vorschuß-Vereine, Kranken- und Sterbe-Kassen rc.), wechselten mit A ständen unaufhörlich ab. Bei den letzteren Anläßen trat der Theilerkommunismus ganz deutlich hervor und wurde sogar öfters in Anwendung gebracht. Derselbe konnte indeß nicht aus dem Labyrinthe der socialen Misère heraus führen, hat doch selbst die Parcellirung des Großgrundbesitzes in Frankreich nicht verhüten können, daß sich später die Grund- und Bodenfrage neuerdings in den Vordergrund stellte. Es traten immer wieder Rückschläge ein; der besitzlose Kleinbauer konnte dem Wucherer nie entrinnen, der Landbau im Großen mit Sklavenausbeutung entwickelte sich trotz aller zeitweiligen Gegenmaßregeln zu immer entschiedenerer Ausschließlichkeit. Und als die Nachrichten von dem Sklavenaufstande Siciliens nach Griechenland gelangten, gab es in den dortigen Städten, wie in den römischen, ein verkommenes Proletariat, wenige Reiche und zahllose Sklavenmassen.

Diese athmeten auf, als aus dem Westen die Funken der Revolution herüber geflogen kamen, doch scheinen sie in der Knechtschaft schon viel zu sehr verknöchert gewesen zu sein, als daß sie den Muth zum Losschlagen auf der ganzen Linie gehabt hätten. Außerdem kann es freilich auch keinem Zweifel unterliegen, daß die Sklavenhalter und der Regierungsmechanismus von den Vorgängen auf Sicilien früher unterrichtet waren, als die Sklaven, und daß rechtzeitig die ensprechenden Sicherheitsvorkehrungen getroffen wurden. Mit List und Gewalt wird man die armen Knechte eingeschläfert oder abgeschreckt haben.

Nur die Sklaven einzelner Bergwerke wagten den Wurf; diese Sklavengattung war aber auch die am meisten bedrückte. Daß unter solchen Umständen ihr Beginnen ein hoffnungsloses war, liegt auf der Hand. Eine genauere Darstellung der betreffenden Ereignisse fehlt; dieselben werden vielmehr nur mit ganz wenigen Worten charakterisirt. Es scheint also bei den alten Historikern in dieser Beziehung eine Art von Todtschweigungssystem geherrscht zu haben. Freilich, wenn man bedenkt, daß die Sklaven nicht mehr galten, als das Vieh, so ist es nicht unmöglich, daß die „Gebildeten" jener Zeit die Sklavenaufstände wie Viehseuchen betrachteten, doch möchte ich meine früher ausgesprochene Ansicht, daß der Schrecken die Leutchen stumm machte, für die zutreffendere halten.

Die laurischen Silberminen Athens wurden schon sehr früh äußerst nachdrücklich bearbeitet und zwar durch Sklaven. Diese Bergleute sprengten nun in der fraglichen Zeitepoche ihre Fesseln, erschlugen die Aufseher und warfen sich nach Sunion, einem befestigten Städchen, um von hier aus, gleich den aufgestandenen Sklaven zu Enna, die ganze Gegend zu revolutioniren. Dieses Unternehmen glückte auch, und die Sklaven vermochten sich längere Zeit zu behaupten; zuletzt aber wurden sie, weil in weiteren Kreisen Alles ruhig blieb und daher einem Zusammenziehen feindlicher Kräfte nichts im Wege stand, wie ihre Brüder auf Sicilien, überwältigt und grausam ums Leben gebracht.

Zu Delos, dem großem Sklavenmarkte, erhob die Sklavenschaft gleichfalls ihr Haupt; allein hier stand sofort die ganze Bürgerschaft zusammen, um die freiheitliche Regung gleich im Keime zu ersticken, was dann nach einiger Anstrengung auch gelang.

Auch in Makedonien machten sich die Geknechteten daran, ihr Joch abzuschütteln, und zwar waren es wiederum die Bergwerks-Sklaven, welche Hand ans Werk legten. Diese unglücklichen Menschen, deren

Aufgabe darin bestand, die Gold- und Silber-Schätze der Erde ans Tageslicht zu fördern, wurden seit je ärger geschunden als Lastthiere, doch niemals so sehr, als seitdem sie der Peitsche römischer Spekulanten verfallen waren. Die Geschichte der diesbezüglichen Kämpfe gleicht derjenigen der bisher erwähnten, wie ein Ei dem anderen. Mit einem gewaltigen Ruck zerbrachen die unfreien Arbeiter ihre Ketten, eine Zeit lang vermochten sie sich der Freiheit hinzugeben, endlich ereilte auch sie die Rachgier des Ordnungstigers.

Die sociale Frage blieb also ungelöst, auf griechischem, wie auf römischem Boden. Zwei Jahrhunderte später war Griechenland nur noch eine große Einöde, wo zwischen den Trümmern ehemals blühender Städte Viehheerden weideten oder gar wilde Thiere hausten, während die Nachkommen der stolzen Hellenen zu Rom Hoflakaien- und Spaßmacher-Dienste leisteten. „Es kann", sagt Bücher, „nicht klar genug ausgesprochen werden: Die Sklavenwirthschaft und das auf dieselbe aufgebaute socialpolitische System ist die letzte Ursache des Untergangs von Hellas . . ."

Der letzte Akt des großen Sklavenkrieges spielte sich auf asiatischem Boden ab, und zwar wirkten hierbei ganz verschiedenartige Umstände zusammen. Das pergamenische Reich wurde nämlich angeblich durch Testament eines am Despotenwahnsinn leidenden Tyrannen, der im Jahre 133 starb, den Römern vermacht. Ob nun das betreffende Dokument, wie nachträglich vielfach behautet wurde, lediglich eine römische Fälschung war, oder nicht, kann heute nicht mehr festgestellt werden; dagegen ist es unzweifelhaft, daß dessen Wortlaut in Rom zu heftigen Parteikämpfen Veranlassung gab, wovon geeigneten Ortes noch die Rede sein wird, und daß gleichzeitig in Pergamenien ein Thronprätendent auftrat, der gegen die Gültigkeit des Testaments mit den Waffen in der Hand protestirte.

Der Bruder des verstorbenen Tyrannen Attalos, allerdings ein sogenannter Bastard, weil mit einem „Nebenweib" gezeugt, machte Ansprüche auf Pergamenien. Viele Städte öffneten auch sofort dem Aristonikos — so hieß der Thronbewerber — ihre Thore, andere nahm er mit Gewalt ein. Als er sich aber auf eine Seeschlacht mit einer benachbarten Macht, die gegen ihn feindlich gesinnt war, einließ, wurde er geschlagen und mußte sich ins Innere des Landes zurückziehen. Hier fand er die Sklaven in hellem Aufstande; und ohne sich lange zu besinnen, bemächtigte er sich der Bewegung. Er stellte sich an die Spitze der Aufständischen, verhieß allen Sklaven, wenn sie seinen Fahnen folgten, die Freiheit, während er gleichzeitig auch die freien Proletarier um sich schaarte. Der Staat, welchen er zu gründen versprach, sollte auf gleichheitlichen Principien beruhen, dessen Einwohner sollten „Sonnenstädter" genannt werden. Mit den socialen Bestrebungen waren natürlich, dem Charakter der Orientalen entsprechend, allerlei religiöse Phantastereien vermischt; jedenfalls muß aber das ganze Verfahren des Aristonikos ein sehr wohlgeplantes und ansprechendes gewesen sein, sonst würden die seit Jahrhunderten unter der Geißel des Despotismus stumpfsinnig gewordenen Volksmassen nicht mit fanatischem Feuereifer in den Kampf gezogen sein.

Die „Sonnenstädter" nahmen alle Städte, die sich zur Wehre

setzten, im Sturme und konfiscirten das Eigenthum der Reichen; bald waren sie Sieger im ganzen Lande. Die Tyrannen und Oligarchen der umliegenden Monarchien und freien Städte rüsteteten nun zu einem Kreuzzuge gegen den neuen Volksstaat, wohl wissend, daß die Gebiete ihrer Herrschaft unmöglich für die Dauer vor der freiheitlichen Staatsidee bewahrt werden könnten, wenn dicht daneben dieselbe praktisch dominire; doch gingen sie nicht angreifend vor, ehe nicht die Beihülfe und das Eintreffen der Römer fest stand.

Daß Rom so lange zauderte, hatte seine guten Gründe. Die Kämpfe in Spanien und auf Sicilien waren nicht die einzigen Dinge, welche die Aufmerksamkeit der römischen Staatsmänner in Ansprrch nahmen, sondern in noch höherem Grade thaten dies die Vorfälle in der Hauptstadt, womit sich der folgende Abschnitt zu beschäftigen hat. Endlich im Jahre 132, wo der Aufstand auf Sicilien in seinem Blute ertränkt wurde, und wo Meuchelmord und Tendenzprozesse den inneren Reformplänen vorläufig Einhalt thaten, hielt man den Zeitpunkt für gekommen, auch in Kleinasien den römischen Würgengel hausen zu lassen.

An der Spitze eines zahlreichen Kriegsheeres zog der Consul Crassus gen Asien. Hier angekommen, hatte er nichts Eiligeres zu thun, als die bereits in Kriegsbereitschaft stehenden Nachbarreiche Pergamons gegen Aristonikos und dessen bewaffneten Anhang, der sich inzwischen noch durch viele thrakische Söldner verstärkt hatte, aufzureizen. Der Kampf mit einem solchen Gegner war umso schwieriger, als demselben durch einen römischen Flüchtling, den Gracchaner Blossius, römischer Takt beigebracht und der Beistand der Intelligenz gesichert wurde.

Die ersten Operationen der Römer waren gänzlich erfolglos. Crassus belagerte lange Zeit vergeblich die Stadt Lenkae, verlor hernach eine Feldschlacht und wurde bei dieser Gelegenheit gefangen genommen und getödtet. Erst ein anderer Konsul, Perperna, der im Jahre 130 in Kleinasien eintraf, führte eine Wendung der Dinge herbei und zwar durch eine plötzliche Ueberrumpelung des Aristonikos. Dessen Heer wurde in den Winterquartieren angegriffen und geschlagen; er selbst zog sich nach entfernteren Gegenden zurück. Aber auch dahin folgten ihm die Römer, umzingelten seine Schlupfwinkel und nahmen ihn schließlich gefangen. Die Ueberreste seines Anhangs hatten sich in einem befestigten Orte verschanzt; allein die Römer ließen kein Mittel unversucht, das zu deren Vernichtung beizutragen vermochte; sogar das Trinkwasser vergifteten sie. Diese letztere Unthat fällt insbesondere dem Consul Aquilius zur Last, der seinen Vorgänger an Grausamkeit um jeden Preis zu übertreffen bemüht war. So nahm also auch die letzte Regung der Sklavenschaft gegen die „Ordnungs"-Banditen ein Ende mit Schrecken. Aristonikos wurde in Ketten nach Rom geschleppt und daselbst im Gefängniß erdrosselt; Blossius hatte sich selbst das Leben genommen.

Wieder hatte Rom eine neue Provinz erworben; wieder verfuhr man mit derselben, wie mit den übrigen eroberten Ländern. Es wurden an die kampfgenössischen Könige — Strohpuppen der Römer — Gebietstheile gegen gute Bezahlung abgelassen; viele Städte wurden zerstört und die Raubgier der Sieger feierte die tollsten Orgien. „Römische Beamten, Steuerpächter und Spekulanten", heißt es bei Bücher, „stürzten sich nun wie eine wohlorganisirte Räuberbande über die Provinz

Asia her, plünderten dieselbe, ja sogar auch die benachbarten Klientelstaaten bis aufs Blut aus, verkauften die arbeitsfähigen Leute in die Sklaverei und ließen den Zurückbleibenden kaum etwas Anderes, als ihr Leben und ihre Armuth. Wenn nach vierzig Jahren die verzweifelten Provinzen auf den Befehl des (Königs) Mithradates an einem Tage alle Römer, welche sich in Kleinasien befanden, gräßlich hinmordeten, so muß man sich wieder nur erinnern, daß man es hier nicht mit freiheitsgewohnten griechischen Städten oder heißblütigen Spaniern zu thun hat, sondern mit einer Nation, die mit unerhörter Geduld Druck und Knechtschaft zu tragen pflegte und seit Jahrhunderten nichts Anderes wußte, als daß eine Despotie die andere ablöste."

So war die Staatsgewalt gegen die Versuche der Sklaven, die Gesellschaft umzugestalten, überall von Sieg zu Sieg geschritten, gleich wie sie zur nämlichen Zeit, wie die weitere Darstellung zeigen wird, auch den reformatorischen Bestrebungen der freien Proletarier den Garaus machte. Die Verblendung der besitzenden Klassen veranlaßte dieselben, auf der schiefen Ebene unaufhaltsam hinabzugleiten bis sie zuletzt im tollen Wirbel des Cäsarismus in den Abgrund der totalen gesellschaftlichen Auflösung hinabtaumelten.

Die Sklaven haben noch gar oft eine Verzweiflungsschlacht gegen ihre Bedrücker geschlagen; allein die betreffenden Aufstände erlangten niemals mehr eine solche Ausdehnung, wie die im Vorstehenden geschilderten. Bücher, der zum ersten Male diese großartige Bewegung im Zusammenhange quellenmäßig dargestellt hat, charakterisirt dieselbe in seinen Schlußbetrachtungen recht treffend, indem er sagt: „Selbst die Verbreitung des Christenthums hat nicht so plötzlich, so unmittelbar und in solcher räumlichen Ausdehnung die Gemüther ergriffen, als diese erste internationale Arbeiterbewegung, der nothwendige Rückschlag jenes Systems der großen Kapital- und Sklavenwirthschaft, welches die Römer in Sicilien und Karthago, in Griechenland und den hellenischen Monarchien bereits ausgebildet vorgefunden hatten. Mit ihm hatte die antike Volkswirthschaft ihren Höhepunkt erreicht, jenen Höhepunkt kapitalistischer Durchdringung aller Lebensgebiete, auf dem es keinen Ausgleich mehr zu geben scheint, wo die Vermögensunterschiede fortwährend zunehmen, die Reichen immer reicher, die Armen immer ärmer werden und der Mittelstand in chronischer Atrophie (Abzehrung) dahinschwindet. Die römische Weltherrschaft — das unförmliche Bild eines Klassenstaates, der seine schwächeren Brüder verschlungen hat — bedeutet mehr eine Concentrirung, als eine Steigerung dieses Systems, ein Zusammenleiten der wirthschaftlichen Säfte auf einen sich immer mehr verengenden Kreis von privilegirten Besitzern, welche im thatsächlichen Genusse der Herrschaft sind, während den Millionen von Beherrschten kaum die Schalen und Träbern bleiben. Wie ein bedeutungsvoller Markstein steht an der Grenzscheide dieser Epoche die weitverzweigte Proletarierbewegung der dreißiger Jahre des zweiten Jahrhunderts, jenes blitzgleiche Hervorbrechen des Socialismus, dessen Aehnlichkeit mit einer heutigen Erscheinung unverkennbar ist, wenn auch seine Forderungen sich den herrschenden Wirthschaftsverhältnissen anzupassen hatten. Als socialistisch müssen aber diese Bestrebungen bezeichnet werden, weil sie sämmtlich auf eine Reform der wirthschaftlichen Zusammensetzung der Gesellschaft und auf eine von der seitherigen abweichende Vertheilung der Lebensgüter hinausliefen ...."

IX.
Tiberius Gracchus.

Während sich die verschiedenen Sklaven-Aufstände nah und fern abspielten, kam auch die andere Seite der socialen Frage, die Grund- und Boden- oder Proletarier-Frage, zur Verhandlung, und zwar vor dem Forum der Hauptstadt. Der Bahnbrecher war in dieser Beziehung Tiberius Gracchus. Nicht daß dieser Mann ganz neue Reformgedanken gehabt hätte — nein, was er verlangte. das war auch früher schon wiederholt gefordert worden; aber es hatte Keiner vor ihm die Sache so energisch in die Hand genommen, wie er, auch war die Frage noch nie so brennend gewesen, als gerade zu seiner Zeit.

Am 10. December 134 wurde Gracchus in's Volkstribunat gewählt; und er säumte keinen Augenblick, seinen Bestrebungen Ausdruck zu geben. Sofort beantragte er die Erneuerung des licinisch-sextinischen Ackergesetzes vom Jahre 367, das seither nicht mehr angewendet worden war. Nach diesem Gesetze sollten alle Domänen, welche von Privaten nach und nach ohne Entgelt besetzt worden waren, vom Staate wieder eingezogen werden. Da aber diese Belegungen von Staatsländereien in unerhörtem Maßstabe stattgefunden hatten, und da demnach bei Einziehung derselben die Interessen sehr vieler Leute empfindlich betroffen wurden — vielleicht auch, um für die aus Privatmitteln hergestellten landwirthschaftlichen Einrichtungen Entschädigung zu gewähren —, ließ sich Gracchus sogar zu der Concession bestimmen, jedem Inhaber von Staatsland die Einbehaltung von 500 Morgen für sich und 250 Morgen für einen erwachsenen Sohn, im Ganzen aber von nicht mehr als 1000 Morgen zuzugestehen. Was außerdem Jemand an Staatsland besetzt hatte, sollte er zurückgeben: und die also gewonnenen Grundstücke sollten in Parcellen von je 30 Morgen zerlegt und diese theils an Bürger, theils an italische Bundesgenossen vertheilt werden, nicht als Eigenthum, sondern als Staatsgut, das auf Erbpacht abgegeben werden sollte. Die Inhaber solcher Pachtgüter sollten zum Feldbau verwendet werden und eine mäßige Rente an den Staat abgeben. Für die Vermessung, Einziehung und Vertheilung des Landes war ein Dreimänner-Kollegium in Aussicht genommen, das durch Volkswahl zu ernennen sein sollte, und dem neben den Vermessungen rc. auch die Aufgabe zufallen sollte, in streitigen Fällen zu entscheiden, was Privat- und was Staatsland sei. Jedenfalls gedachte übrigens Gracchus mittelst dieses Ackergesetzes nicht etwas Vorübergehendes zu schaffen. vielmehr wird er damit die Landaustheilung zu einer dauernden Staatseinrichtung haben machen wollen. Wären keine Staatsländereien mehr zu vertheilen gewesen, hätte Gracchus wahrscheinlich den Ankauf (oder die Expropriation) von Privatgütern und deren Auftheilung befürwortet. Und da ja kein Verkauf der Parcellen — wie unter der französischen Revolution—, sondern nur eine Verpachtung derselben projektirt war, während die betreffenden Grundstücke Eigenthum des Staates sein und bleiben sollten, so mußte dieses Gesetz in seinen letzten Consequenzen zum Grund- und Boden-Collektivismus führen.

Mit welchen Gefühlen die Großgrundbesitzer den Gesetzesentwurf aufnahmen, kann man sich denken, war die Spitze desselben doch ausschließlich gegen sie gekehrt. Nun saßen aber im Senat lauter Großgrundbesitzer, mithin hatte Gracchus von vornherein den entschiedensten Widerstand der regirenden Krautjunkerschaft zu gewärtigen. Der Senat focht indessen viel lieber mit den Waffen der List, als offen und ehrlich; er bestach einen Kollegen des Gracchus, den Volkstribunen Oktavius; und als Ersterer über sein Ackergesetz zur Abstimmung schreiten lassen wollte, erhob der Letztere hiergegen Einspruch, womit eigentlich die ganze Reform verfassungsmäßig beseitigt war. Als Gegenmaßregel befahl Gracchus die Einstellung der Staatsgeschäfte und der Rechtspflege und legte sein Amtssiegel an die öffentlichen Kassen. Seine Gegner waren hierüber freilich wüthend, doch trösteten sie sich damit, daß das Jahr seines Amtes schließlich doch ein Ende nehmen müsse. Noch einmal brachte Gracchus seinen Antrag vor die Volksversammlung, doch Oktavius erhob neuerdings Einspruch, so sehr ihn auch Gracchus bat, davon abzustehen. Ein Versuch, den Senat selbst wenigstens für das Gesetz im Prinzip zu gewinnen, scheiterte ebenfalls; und für den Reformer schien kein Weg mehr offen zu sein, auf welchem sein Ziel erreichbar war. Energische Charaktere verzweifeln indeß nicht so leicht

Die Richtung, welche Gracchus nunmehr einschlug, wich von dem hergebrachten verfassungsmäßigen Geschäftsgange ab und wurde daher sofort als revolutionäres Treiben verschrieen Gracchus trat vor die Bürgerschaft hin und erklärte, entweder müsse Oktavius oder er aus dem Tribunats-Collegium ausscheiden, da ein gedeihliches Zusammenwirken ganz unmöglich sei. Oktavius, welcher die Abstimmung gerade zu leiten hatte, wies den Antrag als verfassungswidrig (eine Absetzung war allerdings nach der Verfassung nicht angänglich) zurück und weigerte sich, darüber abstimmen zu lassen. Die Volksversammlung dagegen stand ganz auf der Seite des Gracchus; denn es hatten sich zu derselben zahlreiche arme Bürger vom Lande eingefunden, die natürlich die Reform lebhaft wünschten. Als daher Gracchus, die gewöhnlichen Formen außer Acht lassend, sich direkt an das Volk mit der Frage wandte, ob nicht ein Volkstribun, der dem Volke entgegenhandle, sein Amt verwirkt habe, da erfolgte fast einstimmig eine bejahende Antwort. Sofort ließ nun auch Gracchus den Widersacher des Ackergesetzes durch Gerichtsdiener von der Tribunenbank entfernen; und unter allgemeinem Jubel gelangte das Gesetz sodann zur Abstimmung und Annahme. Nach dem Grundsatze, daß man das Eisen schmieden muß, so lange es warm ist, schritt man auch gleich zur Ernennung der ersten Theilungs-Commission, in welche außer dem Urheber des Gesetzes dessen kaum zwanzigjähriger Bruder Cajus Gracchus und sein Schwiegervater Appius Claudius gewählt wurden.

Die Aristokratie knirschte vor Wuth und war entschlossen, der Ausführung des Gesetzes so viel wie möglich Hindernisse in den Weg zu legen, besonders aber, an dem Urheber desselben Rache zu nehmen. Vorläufig verlegte man sich auf kleinliche und gehässige Nörgeleien, auch gab man sich der Hoffnung hin, die Vermessungen und die Einziehung des Domaniallandes würden allenthalben auf große Schwierigkeiten stoßen und zu endlosen Verwickelungen führen.

Drohungen wurden gegen Gracchus verlautbar; und das Volk, welches seinen Tribunen nicht mit Unrecht in Gefahr glaubte, schaarte sich um denselben. Erschien er nun auf dem Markte, so geschah dies meist nur mit großer Begleitung; gewöhnlich folgten ihm 3—4000 Menschen. Mußten sich auf diese Weise die Klassengegensätze immer schroffer entwickeln, so kamen obendrein noch Ereignisse hinzu, welche die gespannte Situation ganz unleidlich machten. Mehr als durch den Sklavenaufstand auf Sicilien geschah dies durch das Testament des Königs von Pergamon, wodurch, wie schon früher bemerkt wurde, das römische Volk zum Erben dieses Reiches, sammt dessen Staatsschätzen, eingesetzt worden sein sollte.

Gracchus beantragte in der Volks-Versammlung, es möge der pergamenische Schatz unter den auf Grund des Ackergesetzes mit Land versehenen Bauern zur Vertheilung gelangen, damit dieselben im Stande seien, sich die nöthigen Ackergeräthe 2c. anzuschaffen. Da im besagten Testamente vom römischen Volke die Rede war, so bestritt nämlich der Tribun dem Senate das Recht, über die neue Provinz Beschlüsse zu fassen, vielmehr nahm er dasselbe nach dem Wortlaute des fraglichen Dokumentes, ausschließlich für die Gesammtheit des Volkes in Anspruch.

Außerdem gewann Gracchus die Bevölkerung durch anderweite Gesetze, die er vorschlug oder vorbereitete, immer mehr für sich. Er hatte aber auch die Popularität sehr nöthig, da er ernstlich darauf bedacht sein mußte, für ein zweites Jahr sich zum Tribunen wählen zu lassen, was indeß gegen die Verfassung durchzusetzen war. Konnte er eine solche Wahl nicht herbeiführen, so war er verloren, da ihn nur das Tribunat unverletzlich machte; verlor er dieses Amt, so hatte er zu gewärtigen, daß ihn die verbitterte Regierung ergreifen und durch parteiische Richter und irgend welche Machinationen verderben lasse.

Begreiflicherweise sah man unter solchen Umständen der Tribunenwahl mit Spannung entgegen. Endlich war der Tag der Entscheidung herangekommen. Die Wähler traten zusammen und die zunächst abstimmenden Abtheilungen votirten für Gracchus. Da erhob die Gegenpartei Einsprache und richtete eine solche Verwirrung an, daß die Versammlung, ehe die Wahl entschieden war, aufgelöst und auf den anderen Tag verschoben werden mußte. An diesem Tage erschien Gracchus im Trauergewande und empfahl dem Volke, für den Fall, daß er bei den Unruhen um's Leben kommen sollte, seinen unmündigen Sohn. Um neue Störungen zu vermeiden, traf er Vorkehrungen, die aristokratischen Tumultanten nöthigenfalls vom Versammlungsplatze entfernen zu lassen. Doch Alles war umsonst; die Sache nahm den nämlichen Verlauf, wie Tags zuvor. Kaum hatten einige Abtheilungen für Gracchus gestimmt, so erhoben dessen Feinde abermals Einspruch und es entstand ein solcher Wirrwar, daß die Wahl keinen Fortgang nehmen konnte. Die Bürger zerstreuten sich und die ganze Stadt gerieth in Unruhe. Gerüchte aller Art wurden in Umlauf gesetzt. Hier erzählte man sich, Gracchus habe alle übrigen Tribunen abgesetzt; dort hieß es, er wolle sein Amt ohne Wiederwahl weiter führen u. s. w. Der Senat versammelte sich nicht weit vom Wahlplatze, im Tempel der Treue; und die wüthendsten Gegner des gehaßten Tribunen führten in der Sitzung heftige Reden gegen denselben. Dieser deutete nach seinem Haupte, um dem draußen stehenden Volke zu erkennen zu geben, daß sein Leben bedroht sei; da schrieen die Senatoren, er fordere schon die königliche Kopfbinde, und nachdem Viele laut den Tod des „Hochverräthers“ verlangt hatten, forderte der Consul und Oberpriester (!) Nasika alle Gleichgesinnten, d. h. alle senatorischen Knittelhelden, auf, sich zu bewaffnen, wie sie könnten und ihm zu folgen. Jetzt zeigte es sich so recht, daß auf die städtischen Proletarier kein Verlaß sei (die armen Bauern waren der Ernte wegen nur in geringer Anzahl erschienen); sie wichen nämlich vor den mit Knitteln und Stuhlbeinen bewaffneten Senatoren scheu zurück, statt sich denselben energisch entgegen zu werfen. So war es möglich, daß die wuthschnaubende Aristokraten-Rotte ungehindert auf den von wenigen Freunden umgebenen Volkstribunen einstürmen konnte. An eine Vertheidigung war nicht zu denken; Gracchus versuchte zu entfliehen, strauchelte aber am Abhange des Capitols und ward auf der Stelle todtgeschlagen. Zwei Senatoren, Saturnius und Rufus, stritten sich später darüber, wer von ihnen den entscheidenden Streich geführt habe. Außerdem wurden noch etwa 300 Freunde des Gracchus in der gleichen Weise ermordet. Abends warfen die Gerichtsdiener die Leichen in die Tiber. Und das Volk — es war unstreitig verkommenes Gesindel, sonst hätte es solche Gewaltthätigkeiten, begangen von einer Handvoll nichtswürdiger Strolche, nicht ungeahndet gelassen.

Hintennach fing freilich die Bevölkerung an zu murren, selbst ein Theil der Aristokratie sprach sich mißbilligend über die Unthat aus; allein bald war sich die herrschende Klasse darüber einig, daß man für den Mord solidarisch eintreten und sogar anklagend gegen die Gracchaner vorgehen müsse. Die verhaßtesten Personen, wie z. B. den Pfaffen Nasika, schickte man auf auswärtige Posten; gegen die Anhänger des Gracchus leitete man aber einen Hochverraths-Proceß ein. Ohne auch nur den Schatten eines Beweises erbringen zu können, behauptete die Aristokratie, Gracchus habe nach der königlichen Gewalt gestrebt und sein Anhang sei in seine „hochverrätherischen“ Pläne eingeweiht gewesen. Wie bei allen Tendenzprozessen, fiel das Urtheil zu Ungunsten der Angeklagten aus. Einige entzogen sich den Justizbanditen durch die Flucht, Andere wurden schmählich um Gut und Leben gebracht. So wurde beispielsweise der Gracchaner Villius dadurch getödtet, daß man ihn in ein Faß steckte, in welchem sich Schlangen und Eidechsen befanden! — An den Bruder des ermordeten Tribunen, an Cajus Gracchus, wagte man übrigens nicht, Hand anzulegen; derselbe war für einen zweiten Zusammenstoß der Revolution mit der Reaktion vorbehalten.

Hatte sich das energielose Stadtproletariat die Ermordung der Vertreter seiner Interessen ruhig gefallen lassen, so stand doch nicht zu erwarten, daß die Bevölkerung auch zur Beseitigung der reformatorischen Gesetze schweigen werde, weshalb dieselben ihren Schöpfer überlebten. Die Aengstlicheren im Senate gewannen die Oberhand und bewirkten sogar einen Senatsbeschluß, durch welchen die Auftheilungs-Commission aufgefordert wurde, ihre Arbeiten zu beginnen. Nach dem Gracchischen Ackergesetze mußte die Commission alljährlich neu gewählt werden; aber schon der Charakter ihres Berufes brachte es mit sich, daß immer wieder die nämlichen Personen gewählt wurden, und daß nur dann eine eigentliche Neuwahl stattfand, wenn einer der

Commissäre mit dem Tode abging oder sonst dienstuntauglich wurde. So trat für den gefallenen Tiberius Gracchus dessen Anverwandter Mucianus ein; und als dieser und auch Appius Claudius gestorben waren, wurden neben dem jungen Cajus Gracchus zwei der thätigsten Führer der Reformpartei, Flaccus und Carbo, mit dem Auftheilungsgeschäfte betraut. Dieses muß auch in sehr ausgedehntem Maßstabe ausgeübt worden sein, indem feststeht, daß sich in ganz Italien die Zahl der Grundbesitzer vermehrte, und daß die Gemeinden sich vergrößerten. Außerdem bezeugt die Thatsache, daß gerade in jener Zeit die vortheilhaftesten Werkzeuge zur Feldmessung erfunden und die Marksteinsetzungen eingeführt worden sind, daß die Theilungsmänner ihre Aufgabe ernsthaft genommen haben. Besser aber als alles andere verbürgen dies die Bürgerrollen. In der Zeit von 132 auf 131 zählte man nicht mehr als 319,000 waffenfähige (grundbesitzende) Bürger; hingegen im Jahre 125 gab es deren schon 395,000, also um 76,000 mehr. Ob die Bundesgenossen überall ebenso berücksichtigt wurden, wie die Römer, dies ist mindestens zweifelhaft; im Allgemeinen jedoch ward überall der Weidewirthschaft und dem sonstigen Großbetriebe ein arger Stoß versetzt.

Nun kann man sich denken, daß oft großer Streit darüber entstand, was einst Domanialland war, was nicht. Die Theilungsmänner forderten durch öffentlichen Anschlag auf, es möge Jeder, der über die ehemaligen Grenzen des Staatslandes Bescheid wisse, denselben kund thun. Die alten Grundbücher wurden genau durchforscht, und an der Hand der darin enthaltenen Aufzeichnungen wurde das einst gestohlene Staatsland unerbittlich eingezogen. Die Großgrundbesitzer wurden wüthend und verlangten vom Senat, daß er einschreite; allein dieser hatte nicht den Muth, zu den verübten Meuchelmorden auch noch die Aufhebung des im Allgemeinen populären Ackergesetzes zu gesellen. Erst als die Theilungsmänner daran gingen (und sie mußten nach dem gedachten Gesetze so verfahren), auch diejenigen Domänen einzufordern, welche in früheren Zeiten bundesgenössischen Gemeinden durch Volks- oder Senats-Beschlüsse zugewiesen worden waren, fanden sich im Senat beredte Anwälte für die jeweiligen Besitzer des fraglichen Bodens. Allein die Theilungsmänner besaßen die richterliche Gewalt in Grund- und Bodensachen und ließen sich durch senatorische Reden nicht abschrecken, davon rücksichtslosen Gebrauch zu machen. Da beschloß der Senat, dieses Richteramt der Theilungs-Commission zu entziehen und es den jeweiligen Consuln zu übertragen. Damit waren die weiteren Landvertheilungen so viel wie eingestellt, indem die Consuln die streitigen Fälle, welche jetzt immer zahlreicher vorkommen, endlos in die Länge zogen. Kein Wunder daher, daß die Reformpartei grollte. Scipio Aemilianus war der Urheber dieser reaktionären Maßregel und daher sehr verhaßt. Eines Tages, an welchem er einen Vortrag über die Landfrage halten wollte, fand man ihn todt in seinem Bette! — Natürlich hieß es, ein Grachaner müsse den Mord begangen haben, doch getraute man sich nicht, eine Untersuchung einzuleiten, auch ist darüber nie etwas Genaueres bekannt geworden.

Der Klassenkampf war übrigens sicherlich nicht im Abnehmen begriffen, sondern erhielt durch die jüngsten Akte des Senats neue Nahrung. Auf der einen Seite standen die Großgrundbesitzer, die im

Senat ihre Spitze fanden, auf der anderen die Kleinbauern und Besitzlosen, denen das Theilungs-Collegium ein legaler Vorstand war. In der That kam es fortwährend zu Reibungen zwischen diesen beiden Behörden. Der Theilungs-Commissar Carbo, einer der besten Redner seiner Zeit, bekleidete im Jahre 131 das tribunicische Amt und machte in dieser Stellung dem Senate nicht wenig zu schaffen. Er setzte für die Bürgerversammlungen die geheime Abstimmung durch, wohl wissend, daß bei öffentlichen Abstimmungen stets ein ungeheurer Einfluß auf die Stimmenden ausgeübt werden kann Ferner stellte er den Antrag, daß die Wiederwahl eines Volkstribunen ohne Zwischenpausen gestattet werden möge; er wollte also den Stein des Anstoßes beseitigen, über welchen Tiberius Gracchus gestrauchelt war. Dieser Antrag wurde nun zwar nach heftigen Debatten zunächst verworfen, aber einige Jahre später gelangte er zur Annahme.

Die Agitation der Theilungsmänner und die ihrer Anhängerschaft ging übrigens in erster Linie dahin, den Widerstand, welchen die italischen Bundesgenossen (sozusagen Halbbürger) dem Theilungsamte leisteten, zu brechen. Man glaubte, daß dieses Ziel am ehesten erreicht werden könne, wenn man diesen Bundesgenossen das römische Bürgerrecht ertheile. Hiegegen opponirte nicht nur, sondern demonstrirte geradezu der Senat. Er ließ durch einen ihm ergebenen Volkstribunen, Junius Pennus, die Ausweisung sämmtlicher Nichtbürger aus der Hauptstadt beantragen; und trotz des Widerstandes der Volkspartei, namentlich des Cajus Gracchus, und trotz der gegen den Senat gerichteten Gährung, welche die Maßregel in den latinischen Gemeinden erzeugte, ward dem Vorschlage gemäß gehandelt. Da wurde der Gracchaner Flaccus für das Jahr 125 Consul, und als solcher beantragte er, daß es jedem Bundesgenossen gestattet sein sollte, um das römische Bürgerrecht zu petitioniren, und daß über diese Petitionen in der Volksversammlung beschlossen werden solle; doch dieser Antrag blieb fast ohne alle Unterstützung und Flaccus fiel damit durch. Seine Absicht, die frühere Ausweisungsmaßregel hinfällig zu machen, ging somit in die Brüche, woran übrigens hauptsächlich die Unklarheit des Volkes und dessen einfältiger Bürgerstolz schuld gewesen sein dürften. Allerdings muß schließlich auch erwähnt werden, daß damals Cajus Gracchus als Quästor auf der Insel Sardinien sich befand, und daß Carbo plötzlich einen Gesinnungswechsel sich zu Schulden kommen ließ und zur Aristokratie überging, eine Umwandlung, wie sie nie ohne Bestechung oder dergl. von Statten geht. Flaccus zog sich dadurch aus der Affaire, daß er Rom verließ und den Oberbefehl im Kriege gegen die Kelten übernahm.

Damit war die Sache jedoch noch nicht gänzlich abgethan. Fregellä, eine bundesgenössische Stadt — damals vielleicht nächst Rom die größte Stadt Italiens, am Hauptübergang über den Liris, inmitten einer sehr fruchtbaren Gegend, an der Grenze von Campanien und Latinien gelegen, stellte sich, wie bei allen bundesgenössischen Verhandlungen, an die Spitze der latinischen Colonien und schlug los. Seit 150 Jahren war dies der erste Fall einer ernstlicheren Auflehnung einer bundesgenössischen Gemeinde gegen Roms Oberherrschaft. Doch dieser Krieg dauerte gar nicht lange; Roms Geld schuf Verräther und machte den Sieg leicht. Fregellä mußte seine Erhebung bitter büßen;

seine Mauern wurden, wie einst diejenigen von Capua, niedergerissen, die Stadt ward in ein Dorf verwandelt, Viele seiner Einwohner an Gut und Leben gestraft. Durch diesen schrecklichen und raschen Fall ihres Vororts wurden die übrigen bundesgenössischen Gemeinden von jedem weiteren gewaltsamen Vorgehen abgeschreckt; und die endlosen Hochverrathsprocesse, die nicht allein gegen die Fregelläer, sondern auch gegen viele Mitglieder der Volkspartei inscenirt wurden, verbreiteten allgemeine Muthlosigkeit unter der Bevölkerung, während den Aristokraten der Kamm desto mehr schwoll.

X.
Cajus Gracchus.

So standen die Dinge, als Cajus Gracchus wieder in Rom erschien. Hier stellte man ihn auf Betreiben des Senats sofort vor Gericht und bezichtigte ihn der Mitverschuldung an der Erhebung von Fregellä, aber er vernichtete die Anklage mit schneidiger Beredtsamkeit und wurde freigesprochen (124). Mit dieser Genugthuung nicht zufrieden, beschloß Gracchus, die Aristokratie auf legalem Wege zu züchtigen. Er bewarb sich um das Volkstribunat für das Jahr 123 und wurde in einer ungewöhnlich stark besuchten Wählerversammlung auch damit betraut. So hatte die Demokratie wieder ihren Mann gefunden. Cajus Gracchus wird selbst von Geschichtsschreibern mit mehr oder weniger aristokratischen Manieren als untadelhafter Charakter geschildert; an Talent und Leidenschaft für die Sache des Volkes überragte er seinen ermordeten Bruder Tiberius ganz bedeutend. Mommsen sagt von ihm: „An der Klarheit und Sicherheit, mit welchen der junge Mann sich später in dem Drange der verschiedenen, zur praktischen Durchführung seiner zahlreichen Gesetze erforderlichen Geschäfte zu bewegen wußte, erkannte man das echte staatsmännische Talent, wie an der leidenschaftlichen, bis zum Tode getreuen Hingebung, mit der seine näheren Freunde an ihm hingen, die Liebfähigkeit dieses Gemüthes. Der Energie seines Wollens und Handelns war die durchgemachte Leidenschule, die nothgedrungene Zurückhaltung während der letzten neun Jahre zu Gute gekommen; nicht mit geminderter, nur mit verdichteter Gluth flammte in ihm die tief in die innerste Brust zurückgedrängte Erbitterung gegen die Partei, die das Vaterland zerrüttet und ihm den Bruder ermordet hatte. Durch diese furchtbare Leidenschaft seines Gemüthes ist er der erste Redner geworden, den Rom jemals gehabt hat; ohne sie würden wir ihn wahrscheinlich den ersten Staatsmännern aller Zeiten beizählen dürfen. Noch unter den wenigen Trümmern seiner aufgezeichneten Reden sind manche selbst in diesem Zustande von herzerschütternder Mächtigkeit und wohl begreift man, daß, wer sie hörte oder auch nur las, fortgerissen ward von dem brausenden Sturm seiner Worte . . .“*)

*) Diese Anerkennung des großen Volkstribunen seitens des Professors Mommsen hinderte freilich den Letzteren nicht, an anderen Stellen seines Werkes die ärgsten Schmähungen über ihn auszustoßen, ihn einen Räuberhauptmann u. s. w. zu nennen, ja sogar die Behauptung aufzustellen, er habe nach der Alleinherrschaft getrachtet.

Cajus Gracchus hatte nicht die Absicht, wie sein Bruder, nur eine einzelne Reform zu bewerkstelligen, er hielt vielmehr eine ganze Reihe von Vorschlägen in Bereitschaft, die zusammen eine völlige Verfassungsänderung darstellten. Die Zulässigkeit der sofortigen Wiederwahl der Volkstribunen, wie sie schon früher Gesetz wurde, bildete gleichsam die erste Stufe jener Leiter, auf welcher Cajus Gracchus die Demokratie zur Herrschaft hinanklimmen lassen wollte. Da galt es denn zunächst, die Verlängerung des Tribunats auch dadurch sicher zu stellen, daß die hauptstädtische Bevölkerung — die ländlichen Bürger fehlten ja häufig bei den Wahlen — für den Tribunen Sympathien hegte. Um diese zu erwerben, mußte Gracchus — wohl oder übel — bei der Noth und bei dem wenig idealen Zuge der römischen Proletarier zur Getreidevertheilung seine Zuflucht nehmen. Früher waren solche Vertheilunaen allerdings auch schon vorgekommen, jedoch nur insofern, als das Korn zu ganz geringen Preisen verkauft wurde; jetzt verfügte Gracchus, daß jedem Bürger, der sich in der Hauptstadt aufhalte, monatlich ein bestimmtes Quantum (etwa 5 Modia, d. i. $^5/_6$ Scheffel) aus den öffentlichen Magazinen verabfolgt werden sollte und zwar der Modius zu $6^1/_3$ Aß (0,25 Mark), was weniger als die Hälfte des durchschnittlichen Kornpreises ausmachte.

Am Wahlmodus ließ Gracchus auch nachbessern. Bisher waren die Wähler in fünf Vermögensklassen eingetheilt gewesen und hatten klassenweise in den verschiedenen Bezirken abgestimmt; jetzt sollten sämmtliche Wähler-Abtheilungen in einer durch das Loos zu bestimmenden Folge nacheinander wählen. Ferner verstand es der energische Tribun, für die Theilungsmänner die Gerichtsbarkeit in Landsachen wieder zu erobern. Bezüglich der Landaustheilung selbst mußte er ganz neue Maßregeln ergreifen. Das eigentliche Domanialland war bekanntlich bereits ausgetheilt; und die von den latinischen Gemeinden benutzten Staatsgüter wären nur zu erlangen gewesen, wenn diesen Gemeinden das römische Bürgerrecht zugestanden worden wäre, wovon jedoch die meisten Römer nichts wissen wollten.

Gracchus beantragte nun, es sollten in ganz Italien, namentlich aber in der Gegend von Tarent und Capua, römische Colonien angelegt und den Colonisten solle das Gemeindeland zugetheilt werden; endlich setzte er auch diesen Antrag durch. Ebenso gelang es ihm, das überseeische Colonial-System einzuführen. Hierdurch wurden nicht allein für das römische Proletariat Heimstätten in den überseeischen Provinzen geschaffen, sondern diese selbst mit vollbürtigen Bürgern versehen, so daß sie nicht mehr gänzlich als bloß regiertes Gebiet gelten konnten. Die erste Colonie gründete Gracchus an der Stelle, wo einst Karthago stand, und nannte sie Junonia. 6000 Bürger und Bundesgenossen wurden hier untergebracht und der Colonie ward römisches Bürgerrecht verliehen.

Schließlich wurden durch den unermüdlichen Volkstribunen auch auf anderen Gebieten verschiedene Aenderungen herbeigeführt. Nach altem Recht währte die militärische Dienstpflicht vom vollendeten 16. bis zum 46. Lebensjahre; später wurde es Brauch, daß Derjenige, welcher sechs Jahre lang beständig im Felde gestanden hatte, seinen Abschied fordern konnte, jedoch ohne damit für immer vom Dienste entbunden zu sein. Zuletzt wurde es Regel, daß man nach 20jährigem

Dienste zu Fuß oder nach 10jährigem Dienste zu Pferd für immer von der Kriegspflicht entbunden war. Oft scheinen die Leute schon vor Beginn ihres 17. Lebensjahres einberufen worden zu sein, daher ließ Gracchus die diesbezügliche Vorschrift erneuern; auch setzte er eine Bestimmung durch, nach welcher die Anzahl der zur völligen Befreiung von der Dienstpflicht erforderlichen Feldzüge beschränkt wurde; und die Kleidung, welche bisher der Soldat selbst zu bezahlen hatte, wurde auf Antrag Gracchus von nun ab vom Staate geliefert.

Alle großen Reformer oder Revolutionäre, denen der reaktionäre Troß stets die blutdürstigsten Pläne unterschob, verabscheuten mehr oder weniger die Todesstrafe, die kalte Abschlachtung von Menschen durch eine sogenannte Justiz! Dieser Charakterzug fehlte auch bei Cajus Gracchus nicht. Soweit ein Todesurtheil sich gegen einen römischen Bürger kehrte, unterlag es schon seit Einführung der Republik der Bestätigung der Gemeinde; auf Veranlassung Gracchus' wurden jetzt deren Befugnisse in einem den Verurtheilten günstigen Sinne beschränkt. In manchen (namentlich politischen) Fällen trat an die Stelle der Todesstrafe die Verbannung.

Daß Gracchus der Aristokratie zu schaden suchte, wie es nur immer anging, lag in der Natur seiner Stellung und seines Charakters. Seine diesbezüglichen Maßregeln sind aber auch noch um deswillen merkwürdig, weil sie ganz besonders seine staatsmänischen Talente offenbaren. Er wußte den herrschenden Klassen mit denjenigen Waffen zu begegnen, die sie selbst mit Vorliebe anwandten. Namentlich bemühte er sich, einen Keil dazwischen zu treiben, sie zu trennen, um sie leichter einzeln schlagen zu können; und dieser Zweck konnte nur durch eine Verschärfung der Interessenverschiedenheit erreicht werden, wie sie bei den Abstufungen der Aristokratie vorwaltete. Es bestanden innerhalb derselben schon seit Langem zwei Fraktionen, die etwa so zu einander standen, wie unser Feudal- und Geld-Adel. Auf der einen Seite standen die eigentlichen senatorischen Familien, denen es die Sitte nicht erlaubte, sich unmittelbar an Gründungen und anderen Geldspekulationen zu betheiligen, und die ihre riesigen Kapitalien hauptsächlich in Grundbesitz anlegten oder als stille Gesellschafter in die Aktiengesellschaften steckten. Der Geldadel bestand vornehmlich aus Spekulanten, die entweder mit den Geldern der senatorischen Aristokratie oder mit eigenem Vermögen finanzielle Unternehmungen aller Art auf dem ganzen Gebiete der römischen Herrschaft leiteten. Die Angehörigen dieser Klasse, deren Einfluß auf die Staatsgeschäfte sich in der immer stärker hervortretenden Krämerpolitik der Römer offenbarte, nannten sich Ritter, weil sie ihrem Vermögen nach zum Reiterdienste herangezogen wurden, während die Senatoren davon entbunden waren, wiewohl die jüngeren Glieder der senatorischen Familien auch meist als Reiter dienten

Diese beiden Fraktionen der herrschenden Klassen waren sich spinnefeind; und es kam gar häufig zu Reibungen zwischen denselben. Gracchus benützte diesen Zwist und suchte ihn zu vergrößern, indem er Vorschläge machte, die — mitunter in ganz nichtssagenden Dingen — dem Geldadel vortheilhaft erscheinen und ihn dafür einnehmen mußten. So kam ein — für die römische Republik übrigens sehr bezeichnendes — Gesetz zu Stande, nach welchem die Ritter das Recht erlangten, gleich den Senatoren goldene Ringe zu tragen (andere Leute mußten sich mit eisernen oder kupfernen begnügen). Auch die separaten Stühle bei den Volksfesten sprach Gracchus den Rittern zu. Damit hätte er sich allerdings begnügen sollen; denn die weiteren Zugeständnisse, welche er den Rittern machte, waren vom Uebel, namentlich deshalb, weil sie Elemente auf die Seite der Demokratie zogen, die derselben nur schaden konnten, und die an ihrer späteren Corruption ohne Zweifel die Hauptschuld trugen.

Asien hatte bis dahin fast keine Abgaben gezahlt, d. h. formell; denn in Wirklichkeit haben die römischen Verwaltungsbeamten und Spekulanten das Land schon seit seiner Eroberung beständig ausgeplündert; nun wurden für diese Provinz auf den Vorschlag des Gracchus Steuern eingeführt und die Erhebung derselben an eine Aktiengesellschaft verpachtet, die aus lauter Rittern bestand. Späterhin kam es gar noch dahin, daß vom Pachtschilling beträchtliche Summen nachgelassen wurden. Ebenso bedenklich, wie diese Staatshülfe, welche Gracchus der Ritterschaft, die augenscheinlich unserer Bourgeoisie glich, verschaffte, um sie für sich zu gewinnen, war ein auf seinen Antrag zu Stande gekommenes Gesetz, wonach den Rittern der Geschworenendienst (ähnlich wie in vielen der heutigen Bougeois-Staaten) zufiel. Freilich mag die Nothwendigkeit, die herrschenden Klassen auseinander zu halten, solche Maßregeln bedingt haben; aber Gracchus mußte gleichwohl bald die Erfahrung machen, daß die Geldaristokratie die Vortheile nimmt, wo sie welche erhaschen kann, daß sie sich dagegen nicht eignet zu einer Stütze der Volksrechte, weil sie lediglich die Interessen des Geldsacks wahrnimmt und verficht.

Zu bewundern bleibt die Geschwindigkeit, mit welcher der Tribun alle diese Neuerungen durchsetzte. Größtentheils verdankten dieselben nicht Senats-, sondern Volks-Beschlüssen ihr Dasein, Grund genug für die Senatoren, den Reformer, der sie so nebenhin behandelte, zu hassen; doch derselbe ließ sich hierdurch nicht irre machen. Bei einer beispiellosen Thätigkeit vereinigte er die verschiedensten und verwickeltsten Regierungs-Geschäfte in seinen Händen. Persönlich überwachte er die Kornvertheilungen; er setzte die Geschworenen-Listen auf, ungeachtet seines Amtes, das ihn an die Stadt fesselte, nahm er Theil an den Colonialgründungen; er regulirte die Wege, schloß Bauernverträge ab, leitete die Senatsverhandlungen, bestimmte die Consulwahlen; er war mit einem Worte überall und jederzeit auf dem Damme, um seinen Bestrebungen nichts in die Quere kommen zu lassen.

Mit dem Senat verfuhr Gracchus ganz rücksichtslos. Es kam vor, daß er dessen sämmtliche Mitglieder für bestochen erklärte. Als es sich um die Vergebung Phrygiens handelte, womit Rom betraut worden war, und das die Könige von Bithynien und Pontus zu erwerben trachteten, sagte er, die Senatoren handelten alle nicht umsonst in öffentlicher Angelegenheit; in Bezug auf die in Rede stehende Frage theile sich der Senat in drei verschiedene Klassen, in Solche, die dafür seien, daß König Mithradates Phrygien erhalte, in Solche, die dagegen seien, und in Solche die schwiegen. Die Ersten seien bestochen vom Mithradates, die Zweiten von dessen Gegner (Nikomedes); die Dritten aber seien die Feinsten, indem sie sich von den Gesandten beider Könige bezahlen und jede Partei glauben ließen, daß in ihrem Interesse geschwiegen werde. Ein Antrag auf Vermehrung der Senats-

Mitglieder von 300 auf 600 unter Entnahme der neuen Senatoren aus der Ritterschaft drang jedoch nicht durch. Dagegen wurde dem Senat die Befugniß abgesprochen, Ausnahmsgerichtshöfe (Hochverraths-kommissionen) zu errichten.

Wie Gracchus selbst über seine Begünstigung der Ritterschaft dachte, verhehlte er nicht. Er sagte es Jedem, der es hören wollte, daß er darin nur ein Mittel zu seinen Zwecken erblicke. Die betreffenden Gesetze, bemerkte er, seien Dolche, die er auf den Markt geworfen habe, damit sich die Reichen gegenseitig zerfleischten.

Aber auch dieses Mannes Stern erbleichte verhältnißmäßig rasch. Zweimal, zuletzt gegen das Ende seiner zweiten Amtsperiode, hatte er versucht, das Volk für die Ertheilung des Bürgerrechts an die Bundes-genossen zu gewinnen; allein er fiel mit diesen Anträgen gänzlich durch. Die Engherzigkeit der römischen Bürger ließ es nicht zu, daß eine Reform in's Leben trat, welche von höheren Grundsätzen ausging. Der Senat benutzte die Unpopularität der obgedachten Gracchischen Vorschläge als Hebel, ihren Urheber zu verdrängen. Es hatte sich bei dieser Gelegenheit gezeigt, daß die Bevölkerung nur so lange zu Gracchus stand, als er ihre Interessen förderte, daher entschloß sich der Senat, die Gracchischen Reformen noch zu übertrumpfen und so die Massen für sich zu ködern.

Der Volkstribun Markus Livius Drusus ließ sich vom Senat bestechen und beantragte in dessen Namen und Auftrag, es möge den Bauern für das Land, das sie durch die Gracchischen Austheilungen erlangt hatten, kein Pachtschilling mehr abgenommen, der betreffende Grund und Boden aber zu ihrem freien und veräußerungsfähigen Eigenthum erklärt werden. Außerdem beantragte Drusus, man solle das Proletariat nicht in überseeischen, sondern in italischen Gemeinden unterbringen, und zwar schlug er vor, 12 Orte mit je 3000 Colonisten zu besiedeln. Die Ausführung dieses Gesetzes solle von eigens durch das Volk zu wählenden Männern bewirkt, die nöthigen Grundstücke müßten von den Latinern genommen werden.

Wäre das Volk nur einigermaßen fähig gewesen, nicht egoistisch und dafür unbefangen zu denken, so hätte es sofort erkennen müssen, welch' schändliches Spiel der Senat mit ihm treiben ließ. Als jedoch später Drusus sogar erklärte, er wolle mit der Ausführung seiner Vorschläge nicht betraut sein, da hätte es Jedem wie Schuppen von den Augen fallen sollen; in Wirklichkeit trat aber gerade das Gegentheil ein; das Volk ging in die plumpe Falle. Möge diese leichtgläubige Eigennützigkeit herunter gekommener Spießbürger wenigstens für die Gegenwart zum abschreckenden Beispiel dienen; möge das Volk nie vergessen, daß Alles, was ihm seine Unterdrücker bieten, es sehe aus, wie es wolle, mit größter Vorsicht aufzunehmen ist, weil in der Regel nichts Gutes dahinter steckt!

Cajus Gracchus befand sich gerade in Afrika, um die Einrichtung der Colonie Junonia zu leiten, als zu Rom Drusus im obgedachten Sinne intriguirte. Dessen Gesetze wurden angenommen, und Gracchus verlor zusehends an Ansehen, so sehr, daß er, als er sich zum dritten Male ums Tribunat bewarb (für das Jahr 121), durchfiel, zu welchem Mißerfolge allerdings auch mancherlei Umtriebe und mannigfaltige

Wahlfälschungen beigetragen haben sollen. Bei der Consulwahl wurd die Volkspartei gleichfalls geschlagen, und Lucius Opimius, der al Prätor Fregellä eingenommen hatte, ein starrer Aristokrat und ent schiedener Feind des Gracchus und seiner Reformen, wurde Consul

Kaum hatte Opimius sein Amt angetreten, so begann auch scho die Reaktion. Die Pfaffen, welche zu allen Zeiten zu reaktionären Maß regeln die Hände boten, thaten es auch hier. Sie verkündeten ein Warnung der Götter. Afrikanische Hyänen sagten sie, hätten die neuen Gränzsteine der Colonie Junonia aufgewühlt, ein Beweis, daß an den Fluche, der bei der Zerstörung Karthago's über den Grund diese Stadt ausgesprochen wurde, festgehalten werden müsse. Gracchus hab dies nicht beachtet und wider die schlimmen Vorzeichen die Coloni Junonia gegründet, die man wieder auflösen müsse. Offenbar grif man zu diesem Schwindel hauptsächlich deshalb, weil man das Ansehen des Gracchus für immer vollends untergraben und ihn vom politische Leben gänzlich verdrängen wollte. Das Volk sollte abstimmen, ob di afrikanische Colonie aufzulösen sei oder nicht.

Am Tage der Abstimmung erschien Gracchus mit seinem Anhan auf dem Capitol, wohin die Bürgerschaft einberufen war. Er wünscht natürlich, daß der Vorschlag verworfen werde, doch ist es notorisch, da er kein gewaltthätiges Vorgehen dabei im Auge hatte. Viele Grac chaner kamen aber gleichwohl bewaffnet zur Versammlung, weil si fürchteten, es könne gegen ihren Führer ähnlich vorgegangen werden wie seiner Zeit gegen dessen Bruder Tiberius. Alsbald offenbart sich auf allen Seiten eine ungeheure Aufregung, und es lag klar z Tage, daß es zu Händeln kommen werde.

Der Consul Opimius verrichtete in der Halle des capitolinische Tempels das übliche Brandopfer, dem viele Bürger beiwohnten. Au einmal fing ein Gerichtsdiener, welcher bei der Opferung Hülfe leistete das Volk zu beleidigen an. Die Eingeweide des Opferthieres in de Hand haltend, schalt er über die „schlechten Bürger" und forderte si auf, die Halle zu räumen, ja es schien, als wolle er an Gracchus selbs die Hand anlegen. Sogleich zog ein eifriger Gracchaner sein Schwer und stieß den frechen Polizisten nieder. Es entstand ein furchtbare Lärm; Gracchus suchte vergeblich zum Volke zu reden, um den Sach verhalt zu schildern. Der Zufall wollte es, daß in dem nämliche Augenblicke ein Volkstribun sprach, was jedoch in dem Getümmel nich zu erkennen war; gleichwohl sagte man, Gracchus habe einem Tri bunen ins Wort fallen wollen, was nach einem alten (längst verschollenen Gesetze die schwerste Strafe nach sich zog. Der Consul traf sofort sein Maßregeln, um den Auflauf, von dem später behauptet wurde, Grac chus habe denselben behufs Vernichtung der republikanischen Verfassun angezettelt, mit bewaffneter Hand zu unterdrücken. Ein plötzlich einge tretener Regen zerstreute zwar das Volk ohnehin, aber es war voraus zusehen, daß am andern Tage neue Aufläufe stattfinden werden.

Die ganze Nacht hindurch war die Aristokratie damit beschäftig für den Morgen sich zu rüsten. Der Consul selbst, welcher im Casto tempel am Markte übernachtete, leitete die Organisation. In all Frühe füllte sich das Capitol mit kretischen Bogenschützen, während d Rathhaus und den Markt die Senatoren nebst Anhang, wohlbewaffn und von je zwei bewaffneten Sklaven begleitet, besetzten. Es soll nic iner von den Anhängern der Regierungspartei gefehlt haben. Decius Brutus wurde mit dem Commando über die ganze bewaffnete lacht betraut.

Die Führer der Demokratie hatten sich vom Capitol nach Hause geben, größtentheils mit der Absicht, sich auf die kommenden Dinge zubereiten. Flaccus rüstete sich zum Straßenkriege; Gracchus ngegen ließ unbegreiflicher Weise den Muth sinken und sagte, er lle nicht mit dem Verhängniß kämpfen. Als sie am Morgen erfuhren, s auf dem Capitol und auf dem Markte für Anstalten gegnerischer- ts getroffen seien, begaben sich die Demokraten auf den Aventin, die e Burg des Volkes; Gracchus erschien daselbst schweigsam und ohne ffen. Flaccus hingegen suchte die Sklaven heranzuziehen, wie es eint, ohne besonderen Erfolg. Hier zeigte es sich, welcher Fluch auf n Gracchischen Reformen lastete. Sie hatten sich mit keiner Silbe gen die Sklaverei gekehrt; wie sollten sich da die Sklaven für Bestre- ngen interessiren oder gar schlagen, die der Sklavenfrage nicht im ringsten nahe traten?

Die Demokraten verschanzten sich nun im Tempel der Diana, und accus, der sich an ihre Spitze gestellt hatte, schickte seinen Sohn uintus in das feindliche Lager, damit er dort einen Vergleich ver- ttle. Bald kam jedoch der Sendbote mit der Weisung zurück, daß r Senat unbedingte Ergebung verlange, und daß Gracchus und accus vorgeladen seien, um sich wegen Verletzung der tribunicischen ajestät zu verantworten. Gracchus wollte der Vorladung Folge sten, allein Flaccus hielt ihn zurück und schickte nochmals seinen hn als Unterhändler.

Als der Consul sah, daß die vorgeladenen Führer nicht kamen, lärte er deren Weigerung als den Anfang der offenen Rebellion d ließ den Boten verhaften. Hierauf gab er Befehl, den Aventin stürmen, während er in den Straßen ausrufen ließ, daß Demjenigen, lcher den Kopf des Flaccus oder den des Gracchus bringe, der- e buchstäblich mit Gold aufgewogen werden solle. Denen auf dem entin ließ er sagen, daß Jeder (die Führer ausgenommen), der vor ginn des Kampfes den Schauplatz verlasse, straflos ausgehen solle. n zeigte sich wieder die Verkommenheit der römischen Proletarier trübsten Lichte; schaarenweise liefen sie davon, und nur Wenige be- en so viel Muth und Charakter, daß sie wenigstens am Platze eben.

Die Aristokraten mit den kretischen Söldlingen und ihren Sclaven ten nun keine große Mühe, den Berg zu erstürmen. Wer den ithenden in die Hände fiel, den erschlugen sie auf der Stelle; etwa) Personen wurden so ermordet. Flaccus flüchtete sich mit seinem ren Sohne in ein Versteck; beide wurden jedoch bald darnach auf- gt und umgebracht. Gracchus hatte sich bei Beginn des Gefechtes den Tempel der Minerva zurückgezogen und machte hier Anstalten, selbst zu entleiben. Schon hatte er das Schwert gegen sich erhoben, ihm sein Freund Lätorius in den Arm fiel und ihn beschwor, für bessere Zeiten zu erhalten. Gracchus ließ sich bewegen, einen such zu machen, nach dem anderen Ufer der Tiber zu entkommen. allem Unglück stürzte er nun, als er den Berg hinabeilte, und stauchte sich den Fuß. Da beschlossen seine beiden Begleiter, Pomponius und Lätorius, sich zu opfern, um ihm Zeit zum Entrinn zu geben. Der Erstere warf sich bei der Porta Trigemina am Fu des Aventin den Verfolgern entgegen und ließ sich niedermachen; d Letztere that ein Gleiches auf der Tiberbrücke. So gelangte Gracchu ihm zur Seite der Sclave Euporus, in die Vorstadt auf dem recht Ufer der Tiber. Hier fand man später in einem Haine die beid Leichen; und man vermuthete, daß der Sclave zuerst den Gracch und dann sich selber getödtet habe.

Die Köpfe von Gracchus und Flaccus wurden an die Reg rung abgeliefert, jedoch bezahlte dieselbe das verheißene Blutgeld n zur Hälfte. Den Kopf des Gracchus brachte ein „vornehmer" Man dieser bekam denselben mit Gold reichlich aufgewogen. Den Kopf d Flaccus hingegen lieferten geringe Leute ab, die zugleich den Mo an diesem Führer der Demokratie begangen hatten; diese schickte m mit leeren Händen von dannen. So zeigte sich die römische Aristokra selbst ihren Werkzeugen gegenüber äußerst schmutzig. Nicht mind niederträchtig betrug sich das Volk; denn als man die Häuser v Flaccus und Gracchus der Plünderung preisgab, war Alles a den Beinen, um von dem Raube etwas zu erwischen.

Mit der obgedachten Massakre begnügte sich indeß die rachedürsten Aristokratie keineswegs. Sie hatte zwar denen, die am Kampfe ni theilnahmen, Straflosigkeit zugesichert, allein nachträglich fiel es i gar nicht ein, das gegebene Versprechen zu halten. Mehr als 300 Anhänger des Gracchus wurden verhaftet und im Kerker erwürgt - übrigens wesentlich eine Folge ihrer Feigheit! Hätten sich die Gra chaner, als sie auf dem Aventin bewaffnet standen, nicht durch die Z sicherung der Straflosigkeit verleiten lassen, davon zu laufen, sta Schulter an Schulter mit jenen Männern in den Kampf zu rücken, d jahrelang ihre Interessen verfochten hatten, so wäre die Sache vielleic ganz anders gekommen, mindestens wären sie der Ehre theilhaft geworden, in offener Schlacht, im Dienste des Princips zu fallen. S mußten sie die Enttäuschung erleben, von ihren wortbrüchigen Feinde wie wilde Thiere eingefangen und abgethan zu werden, während s obendrein den Vorwurf mit in's Grab zu nehmen hatten, an ihr Vorkämpfern zu Verräthern geworden zu sein. Unter solchen Umst den kann man jenen Opfern der Aristokratie nur wenig Sympat bezeugen; verächtliches Betragen wird selbst durch das Martyrium n ausgetilgt.

Einige Ausnahmen sind freilich in Betracht zu ziehen. So st z. B. der achtzehnjährige Sohn des Flaccus, der schon vor d Kampfe verhaftet wurde, ganz vorwurfsfrei da; und seine Ermord im Kerker wirft ein ganz besonders trübes Licht auf die aristokratis Henker.

Diese Letzteren scheinen aber jeder Scham bar gewesen zu s Anstatt sich zu bemühen, ihre blutigen Gräuelthaten möglichst rasch Vergessenheit zu überliefern, waren sie so frech, dieselben durch Denkmal zu verherrlichen. Sie ließen durch den sauberen Co Opimius mit dem Vermögen der Ermordeten auf dem Freiplatze u dem Capitol einen Tempel errichten, den sie „Eintrachts(!)-Tem nannten. Eines Tages fand man denn auch an demselben die Insch

on unbekannter Hand: „Der Eintrachtstempel, ein Werk der Nieder-
ächtigen".

Wie nach jedem Siege, den die brutale Reaktion gegen das Volk
rang, so wurde auch hier selbst das Andenken der Gefallenen geächtet.
iese Gehässigkeit ging so weit, daß sogar der unglücklichen Mutter der
racchen, Cornelia, verboten wurde, Trauerkleider zu tragen. Die
mere Bevölkerung zollte indeß noch nach langen Jahren den Gracchen
ne geradezu religiöse Verehrung. Die Zeit lehrte aber die Verluste
ätzen, da dieselben bald genug als unersetzlich sich herausstellten.
ürde das Volk stets seinen wahren Freunden rechtzeitig folgen, dann
üben ihm vielfach späte Reue und Trauer erspart! —

Wenn man nun zurückblickt, auf die ganze Reform-Bewegung, bei
lcher die Gracchen gleichsam die personificirten Triebkräfte bildeten,
kann man nicht umhin, mit gemischten Gefühlen sein Urtheil darüber
fällen. Ohne Weiteres kann man es aussprechen, daß die sociale
age im Großen und Ganzen solchermaßen nicht gelöst werden konnte.
mag zugegeben werden, daß die Idee des modernen Socialismus
dem Boden des Alterthums weder wachsen konnte, noch am Platze
wesen wäre; aber es darf nicht ungesagt bleiben, daß ohne Ab-
affung der Sclaverei ein dauernder Erfolg unter keinen Umständen
hbar war, und daß alle Unternehmungen, die davon absahen, von
rnherein den Stempel der Palliativ-Mittel an sich trugen. Ob die
acchen sich dieser Thatsache bewußt waren, bleibt fraglich; es ist
ser Fall aber immerhin denkbar. Vielleicht sagten sich die Reformer,
ß sie bei der egoistischen, spießbürgerlichen und vorurtheilsvollen
nkungsart der römischen Stadt- und Landproletarier nur mit solchen
rschlägen Anklang finden können, die einerseits auf der Stelle reali-
bar und andererseits ausschließlich eben dieser Bevölkerungsschicht
n Nutzen seien. Wie richtig eine solche Voraussetzung gewesen wäre,
weist unter Anderem das traurige Verhalten des römischen Klein-
rgerthums gegenüber dem Vorschlage, das Bürgerrecht auf die
ndesgenossen auszudehnen. Uebrigens ist es das Wahrscheinlichere,
ß die Gracchen hinsichtlich der Sclaverei ganz indifferent waren.
ner ihrer Vorfahren war sogar ein eifriger Sclavenjäger!) Im
nzen Alterthum hielten ja die Freien die Sclavenarbeit für ebenso
entbehrlich, als in der Gegenwart die herrschenden Klassen die Lohn-
eit. Nur die Sklaven selbst rüttelten zuweilen an dieser angeblichen
sis des wirthschaftlichen Lebens.

Wie dem nun auch sein möge, so viel steht doch fest, daß die
nsequenzen der Gracchischen Ackergesetze gleichwohl die Banden der
averei gelockert hätten. Würde nämlich die Parcellirung unter
hrung des Grundsatzes, daß die Parcellen Staatseigenthum zu
ben haben, und daß die Bebauer derselben gleichsam als Pächter
n grundbesitzenden Gemeinwesen gegenüberstehen, in immer weiteren
fange vorgenommen worden sein, so hätte nothwendiger Weise der
ßbetrieb, das Latifundienwesen, allmählig verdrängt und dafür die
nbäuerliche Wirthschaft wieder zur normalen Bodencultur werden
sen. Damit wären aber die Sclaverei-Verhältnisse wesentlich erträg-
r geworden, wie schon daraus hervorgeht, daß nur in solchen
enden Sclaven-Aufstände stattfanden, wo Großwirthschaft (mit
avenzwingern und sonstigen Requisiten der Unmenschlichkeit) herrschte.

Und wenn die Kluft zwischen Sclaven und Freien eine engere ge worden wäre, so konnte späterhin die völlige Sclavenemancipation auch nicht mehr allzugroße Schwierigkeiten machen. Endlich ist zu bedenk daß die Großwirthschaft von damals sich wesentlich von der heutige unterschied. Gegenwärtig, wo man die Landwirthschaft im Großen mi den großartigsten technischen Hilfsmitteln betreibt, wäre ein Zurü greifen auf die Kleinwirthschaft ein reaktionäres unpraktisches Gebahre und ein Kulturfortschritt kann jetzt nur dadurch erzielt werden, da der Großgrundbesitz in Staatshände übergeht und unter deren Ob leitung von Arbeiter-Associationen bewirthschaftet wird; im Alterthu dagegen, wo bei der Großwirthschaft im Wesentlichen die nämlich Werkzeuge verwandt wurden, wie bei der Kleinwirthschaft, brachte be Großbetrieb wenig Vortheil, ja es ist im Gegentheil notorisch, daß e zu einer Verringerung der Erträgnisse führte, daher man mit Vorlieb vom Ackerbau zur Viehzucht überging.

Erwägt man dies Alles, so muß man zugeben, daß die Reforme der Gracchen, zumal wenn sie nach und nach sich weiter entwick hatten, immerhin eine allmälige Umgestaltung aller socialen Verhältni herbeiführen konnten. Doch die Aristokratie von damals war gerade unverbesserlich und gegen jede Reform abgeneigt, wie unsere Bou geoisie, und die römische besitzlose Bevölkerung hatte schon zu se unter den Folgen der allgemeinen Corruption gelitten, war schon z verkommen, als daß sie im Stande gewesen wäre, dem kühnen Flug von Männern, wie Tiberius und Cajus Gracchus, zu folge So mußte das Unheil seinen Lauf nehmen.

XI.

Die Reaktion erzeugt neue Revolutionen.

Nach den furchtbaren Niederlagen, welche die Volkspartei erlitte hatte, war es für die Aristokratie nicht schwierig, im Trüben zu fisch und der Reaktion die Bahn zu ebnen; indeß griff man solche Einric tungen, von denen anzunehmen war, daß die am meisten davon b günstigten Bevölkerungsschichten sich dies nicht ruhig gefallen lasse würden, zunächst nicht an. So ließ man z. B die Getreidespend andauern, um den Magen der Proletarier nicht zu reizen. Und d Ritterschaft ließ man ihre neuen Privilegien schon deshalb, um sie eh zum Freunde als zum Feinde zu haben. Dies beruhte auf einer ga richtigen Berechnung des ritterlichen Charakters, resp. der ritterlich Charakterlosigkeit. Diese Geldmenschen standen ja nur insoweit a Seiten der reformatorischen Bewegung, als ihnen dieselbe materiell Gewinn brachte; im Uebrigen hegten sie nicht die mindeste Sympat dafür, vielmehr war ihnen die Reaktion, sofern ihre Errungenschaft nicht davon in Frage gestellt wurden, ganz genehm. Freilich mußt die Ritter später ihre Charakterlosigkeit noch büßen, indem sie bei gu Zeit die senatorische Macht zu kosten bekamen; allein dies hat wed sie, noch ihre späteren Nachfolger belehrt. Denn noch heute sind di jenigen Klassen der Gesellschaft, bei denen das Reichwerden und d damit verknüpfte rohe Genuß den vornehmlichsten Lebenszweck bilden, geneigt, sich der nichtswürdigsten Tyrannei zu fügen, wenn ihnen dieselbe nur gestattet, auf Kosten der eigentlichen Volksmassen materielle Vortheile zu pflücken. Diese wohlhabenden Mittelparteien waren stets knechtsselig nach oben hin und gaunerhaft nach unten; und ihre Opposition, die sie den Regierungen hier und da machten, hatte niemals einen idealen, sondern lediglich einen materiellen Hintergrund.

Stellte sich also das reaktionäre Junkerthum mit den Mägen der hauptstädtischen Proletarier und mit den Geldbeuteln der Spekulanten auf guten Fuß, so war es andererseits eifrigst bemüht, gerade diejenigen Reformen aus der Gracchenzeit zu hintertreiben, die in ihren Konsequenzen zu einer Verschiebung der „socialen Grundverhältnisse" und damit zu einer Aenderung der politischen Macht führen mußten Dabei kam der Regierungspartei auch noch der Umstand zu Gute, daß gerade die weitgehendsten und besten Reformprojekte, die Cajus Gracchus aufgeworfen hatte, die unpopulärsten waren. (Die Gründe dieser sonderbaren Thatsache sind schon früher beleuchtet worden).

Am entschiedensten wurde der Plan angegriffen, zunächst alle freien Bewohner Italiens mit der römischen Bürgerschaft gleich zu stellen, und später den anderen Provinzialen nach und nach das nämliche Recht zu verleihen, mit letzterem Verfahren aber die Lösung der socialen Frage durch eine systematische Emigration der italischen Proletarier und deren Kolonisirung in den überseeischen Provinzen Hand in Hand gehen zu lassen. Die Landanweisung außerhalb Italiens wurde durchgängig verhindert, ja selbst italische Kolonien wurden aufgelöst, so z. B. jene von Capua.

Was die Domänenfrage betraf, so ließ man es zwar bei den geschehenen Landaustheilungen bewenden, aber man sah auch davon ab, diejenigen Privaten, die sich bisher geweigert hatten, das von ihnen einstmals besetzte Staatsland herauszugeben, und gegen die daher Prozesse schwebten, weiter zu belästigen. Diesen und den Gemeinden, von denen Drusus versprochen hatte, so viel ehemaliges Domaniallaud einzuziehen, daß damit 36,000 neue Bauerngüter gebildet werden könnten, wurde ihr Besitzthum nicht allein gelassen, sondern förmlich als reines Privateigenthum zugesprochen. Welch' einen Schwindel also Drusus mit seinen radikalen Vorschlägen seiner Zeit beabsichtigte, dies zeigte sich jetzt deutlich genug. Das Theilungsamt wurde auf solche Weise ganz überflüssig und daher schon im Jahre 119 abgeschafft.

Das Murren der Bevölkerung, welches sich nur hier und da vernehmen ließ, machte man mit leeren Versprechungen verstummen. Es wurde festgesetzt, daß künftighin keine Domänen mehr in Privatbesitz übergehen könnten, sondern daß selbige entweder zu verpachten oder als öffentliche Weide zu benützen seien. Im letzteren Falle solle Niemand mehr als 10 Stück Großvieh und 50 Stück Kleinvieh auftreiben dürfen.

Und Solches ließ sich das Volk bieten von einem Senate, der sammt Anhang so verrottet wie möglich war! Die Aristokratie war schon früher nicht sehr reich an Talenten gewesen; jetzt herrschte bei ihr durchgängig nur noch die Gemeinheit vor. Ein Zusammenhalt existirte nur den beherrschten Klassen gegenüber, sonst suchte sich die edle Senatorenschaft gegenseitig so viel wie möglich zu beschwindeln. Mommsen nennt den damaligen Senat ein unübertroffenes Ideal der Mißregierung. Korruption, Familienpolitik und grenzenlose Unfähigkeit waren bei dieser Clique mit sittlicher Nichtswürdigkeit gepaart. Die entsetzlichsten Verbrechen hatten die senatorischen Häuser zu ihrem Schauplatz, und von einer Ahndung derselben war natürlich gar keine Rede, weil mit Gold jeder Richter zu erkaufen war. Ueber die Religion machte man sich in aristokratischen Kreisen lustig, während öffentlich — behufs Volkstäuschung — der alte Götterschwindel mehr als je gepflegt wurde.

Da die Geldspekulanten (Ritter) den Geschworenendienst ausübten, so mußte auch bei ihnen Klage über die Provinzialbeamten geführt werden, die Folge war, daß jeder Beamte sich daran gewöhnte, den Rittern erkleckliche Summen zufließen zu lassen, um in der Ausplünderung seiner Verwaltungssprengel nicht gestört zu werden. Neben diesen officiell und halbofficiell angestellten Räubern plünderten Land- und Seepiraten (Leute, die bei den Kriegen und den darauffolgenden unaufhörlichen Brandschatzungen um Hab und Gut gekommen waren und nun einen Guerillakrieg gegen die verkommene Gesellschaft führten) die sämmtlichen Länder am Mittelmeergestade.

Den Kleinbauern ging es wieder, wie ehedem: sie verarmten mehr und mehr und mußten ihre Grundstücke für einen Bettel an die Wucherer oder Großgrundbesitzer ablassen. Es dauerte gar nicht lange, so war das in der Gracchenzeit vertheilte Land wieder aufgesaugt von den Latifundien; die ganze Reform löste sich in Nichts auf, und die Güter-Konzentration vollzog sich mit stürmischer Hast. Schon im Jahre 100 that ein gemäßigter Mann, Marcius Philippus, den Ausspruch, daß es in der ganzen Bürgerschaft Roms keine 2000 vermöglichen Familien gäbe. Natürlich mußte nun auch die Sclavenwirthschaft wieder bis zum Aeußersten entwickelt werden, und ebenso natürlich mußten gewaltige Sclavenaufstände den Commentar dazu liefern.

Alljährlich hörte man von kleineren Unruhen da und dort, besonders in den Gegenden von Nuceria, Capua, Thurii 2c. Bei einer Sclavenrevolte in der letzteren Gegend nahm die Sache einen so ernsthaften Charakter an, daß es der städtische Prätor für nöthig erachtete, mit einer ganzen Legion dagegen auszurücken. Aber selbst diese Macht vermochte nichts auszurichten, nur durch Verrath konnte der Sieg erlangt werden. Wie gefährlich die Anhäufung von Sclavenmassen übrigens der Regierung erschien, beweisen unter Anderem die Verfügungen welche dieselbe bezüglich der Goldwäschereien von Viktumulan, die seit 143 auf Rechnung Roms betrieben wurden, getroffen hatte. Gleich von vornherein wurden die Pächter verpflichtet, nicht mehr als 5000 Arbeiter anzustellen; später beschloß sogar der Senat, den Betrieb ganz einzustellen.

Wie bei den früheren Sclavenaufständen, so zeigte es sich auch jetzt wieder, daß in Italien nicht die heftigsten Kämpfe ausbrachen. Wahrscheinlich war hier die militärische Macht rascher verwendbar, vielleicht waren auch unter den hier vorhandenen Sclaven mehr Verräther. Genug, es kochte und gährte wieder allerwärts unter den Sclaven, und weit und breit machten sie Versuche sich zu befreien. Der Hauptheerd dieses Krieges war aber neuerdings Sicilien.

Auf dieser Insel war die Sclavenausbeutung auf den Plantagen wieder in so grausamer Weise in Uebung, daß selbst die Regierung vergeblich gegen die gröbsten Brutalitäten zu steuern versuchte. Ja es wurden gerade diese Interventionen die nächste Ursache zur Revolution.

Man erinnert sich, daß die Proletarier auf Sicilien schon vor Ausbruch der früher beschriebenen Kämpfe kaum in einer viel besseren Lage sich befanden, als die Sklaven; ebenso wird man aber auch nicht vergessen haben, daß dieses Element weniger an den Schlachten, als an gelegentlichen Streifzügen theilgenommen hatte. War dies nicht muthvoll, so war doch schwerlich damals ein anderes Mittel zur Fristung des Lebens für die Proletarier anwendbar; gleichwohl mußten die armen Teufel ihr Verhalten empfindlich büßen. Nach Beendigung der Sklavenrevolution nahmen die Sieger auch an den Proletariern Rache. Ohne daß sie förmlich für vogelfrei erklärt wurden, glaubte jeder römische Spekulant das Recht zu haben, die Proletarier nach Belieben abzufangen und unter die Sklaven zu stecken. Auf Veranlassung des Senats setzte nun im Jahre 104 der Statthalter von Sicilien ein Freiheitsgericht ein, das binnen Kurzem 800 Processe gegen die Sklavenhalter entschied und noch zahllose Fälle zu untersuchen im Begriffe stand, als es plötzlich wieder abgeschafft wurde. Die Großgrundbesitzer waren nämlich von weit und breit nach Syrakus geströmt, um vom Statthalter die Aufhebung des verhaßten Gerichtes zu erzwingen, welches Verfahren auch den gewünschten Erfolg hatte. Der eingeschüchterte und wohl selbst nur gezwungen gegen die Menschenräuber eingenommen gewesene Statthalter speiste die klagenden Proletarier mit harten Worten ab. Diese rotteten sich sodann in gerechter Erbitterung zusammen und schlugen sich in die Berge. Da wenig Militär vorhanden war, so scheute sich der Statthalter nicht, mit einem Räuberhauptmann einen Vertrag abzuschließen, indem er denselben bewog — gegen Amnestie — die Aufständischen durch List ihm in die Hände zu spielen. Der Räuber that, als schlüge er sich zu den Proletariern, und als er deren Vertrauen gewonnen hatte, verrieth er sie. Daß an den gehetzten Leuten die Sklavenhalterschaft in der niedrigsten Weise ihr Müthchen kühlte, braucht nicht erst gesagt zu werden.

Gleichzeitig mit diesem Proletarier-Rummel spielte sich der Anfang einer bedeutenderen Erhebung ab. Eine Anzahl entlaufener Sklaven schlug eine Abtheilung der Besatzung von Enna zu Boden, bemächtigte sich der Waffen und erlangte Angesichts solcher Kühnheit alsbald zahlreichen Anhang. Binnen Kurzem wuchs der Haufen auf viele Tausende an, deren Thatkraft sich der ganzen Stadt bemächtigte. War somit wieder die Stätte des ersten Sklavenkrieges neuerdings das Centrum der Revolution geworden, so vollzogen sich auch die Einzelnheiten wieder wie zur Zeit des Eunus. Die Aufständischen wählten den Sklaven Salvius zu ihrem „König" (!) und nannten ihn Tryphon.

Die Insurrektion griff rasch auf der Insel um sich und die Sklaven standen bereits im Begriffe, Morgantia zu belagern, als der römische Statthalter mit dem eiligst zusammengerafften Heere darüber herfiel. Dieser Angriff kam so unverhofft, daß das Lager der Aufständischen rasch besetzt werden konnte, gleichwohl blieb er erfolglos. Die Sklaven schlugen sich heldenmüthig und der sicilianische Landsturm mußte weichen. Und da die Sieger Jeden laufen ließen, der die Waffen niederlegte, (ein wahrhaft großmüthiges Benehmen im Vergleich mit den Bestialitäten, wie sie stets gegen unterliegende Revolutionäre ausgeübt werden) so rannten die Milizen in Masse davon. Hätten die Sclaven innerhalb der Stadt mit ihren Brüdern vor deren Mauern gemeinschaftliche Sache gemacht, so wäre dieselbe unzweifelhaft nicht mehr zu halten gewesen; aber leider ließen Egoismus und naive Vertrauensduselei ein solch' vernünftiges Handeln nicht zu Die Sclavenhalter „schenkten" in ihrer Noth den Sklaven die Freiheit unter der Bedingung, daß sie die Stadt vertheidigen halfen. Die überlisteten Knechte ließen sich täuschen und retteten durch ihre Tapferkeit Morgantia. Ihr Lohn bestand jedoch darin, daß man sie neuerdings zu Sklaven machte! Der Statthalter von Sicilien erklärte das feierlich gemachte Freiheitsgeschenk für widerrechtlich und damit für nichtig. Aehnlicher Schwindel ist bekanntlich in allen erdenklichen Formen schon vorgekommen, aber immer läßt sich das Volk da oder dort aufs Neue solchermaßen breitschlagen. Wird solche Massendummheit nie ein Ende nehmen? Zeit wäre es nachgerade!

Während im Innern Siciliens der Aufstand hin- und herwogte, brach auf der Westküste der Insel eine zweite Sklavenerhebung aus. An der Spitze derselben stand ein Mann, der, wie der Sklavenführer Kleon, in seiner Heimath, Kilikien, eine hervorragende Rolle als Kriegshauptmann (die Römer behaupteten, er sei Räuber gewesen) gespielt hatte, und den man als Sklaven nach Sicilien verkaufte. Ganz ähnliche Mittel, wie seine Vorgänger, brachte auch er in Anwendung, um auf die griechischen und syrischen Feld- und Hirtensklaven, zu wirken, wußte er doch, daß bei solch' verzweifelten und verknechteten Menschen nur das von Erfolg sein konnte, was sie bei ihrem Aberglauben packte. Daß er sich nicht getäuscht hatte, bewies der große Zulauf, welcher ihm alsbald von allen Seiten zu Theil ward. Athenion — so nannte sich dieser Sklavenheld — traf sehr kluge Anordnungen; er zog nicht mit den ganzen zusammengelaufenen Schaaren in den Kampf, sondern erlas hieraus nur die kriegstüchtigsten Leute, aus denen er ein stattliches Heer organisirte, während er den Rest sogleich bewog, durch Arbeit für die Erhaltung Aller Sorge zu tragen. Nach Außen hin vermochte er immer weiter mit seinen Genossen vorzudringen, weil er den Bauern nichts zu Leide that und selbst die Kriegsgefangenen äußerst schonend behandelte.

Wie ehedem, so hoffte man auch diesmal wieder, die beiden Sklavenführer würden sich entzweien, jedoch ebenso vergeblich, wie vor 40 Jahren. Freiwillig fügte sich Athenion, obgleich er dem „König" Tryphon geistig bedeutend überlegen war, diesem Letzteren, welchen Takt dieser übrigens zu würdigen wußte, indem er nie etwas Wichtigeres unternahm, ohne sich mit Athenion vorher berathen zu haben. Unter solchen Umständen war es ein Leichtes, die sämmtlichen Landdistrikte der ganzen Insel unter die Herrschaft der freigewordenen Sclaven zu bringen, zumal die „freien" Proletarier sich allenthalben den Aufständischen anschlossen. Die römischen Behörden waren nicht im Stande, hiegegen etwas zu unternehmen und mußten sich begnügen, mit dem sicilianischen und dem eiligst herangezogenen afrikanischen Landsturm die wenigen Städte zu schützen, die noch ihrer Botmäßigkeit unterstanden. Dieselben befanden sich jedoch in einem höchst kläglichen Zustande. Von einer Rechtspflege war nirgends mehr eine Rede; das Faustrecht trat allenthalben zu Tage. Da kein Bürger sich mehr vor das Thor, kein Landmann sich in die Stadt wagte, so brach in diesen Orten alsbald Hungersnoth aus; und die städtische Bevölkerung Siciliens, das sonst halb Italien ernährte, mußte von Rom aus mit Getreidesendungen unterstützt werden. Dazu kam noch, daß man in beständiger Angst lebte vor allenfallsigen Verschwörungen der Stadtsklaven und vor Ueberrumpelungen durch die Insurgenten von Außen. Wahrhaftig, die Herren Ausbeuter mögen da manche böse Stunde gehabt haben!

Der römische Senat war stark in Verlegenheit; da die militärische Macht gerade von einem auswärtigen Kriege in Anspruch genommen wurde, so hielt es schwer, nach Sicilien eine Armee zu senden. Immerhin wurden im Jahre 103 etwa 14,000 Mann dorthin aufgeboten. Der Prätor Lukullus, welcher den Oberbefehl führte, zog noch eine Menge überseeischer Landwehrmänner heran und eröffnete sodann einen regulären Feldzug gegen die Sklaven. Diese hatten ihre Streitkräfte oberhalb Skiacca zusammengezogen, wo sie Lukullus aufsuchte. Es kam zu einer blutigen Schlacht, bei welcher die Römer siegten. Tryphon zog sich in eine Bergfestung zurück, und Athenion blieb anscheinend todt auf der Wahlstatt, hatte sich jedoch nur verstellt und vermochte sich Nachts davonzuschleichen und zu seinen Kampfgenossen zu eilen. Hier kam er gerade zur rechten Zeit an, indem bei Vielen der Muth zu sinken begann. Seine wunderbare Errettung und seine Beredtsamkeit erweckten neue Begeisterung; man beschloß die Fortsetzung des Kampfes. Lukullus, ein ganz unfähiger Mensch, wußte seinen Sieg nicht zu benützen und verzweifelte an weiterem Gelingen. Einige Geschichtschreiber behaupten sogar, er habe absichtlich seine Armee desorganisirt und das Feldgeräthe verbrennen lassen, um durch seinen Nachfolger nicht überflügelt zu werden. Das Wahrscheinlichere ist aber, daß die Insurgenten die Auflösung und Vernichtung seiner Kriegsmacht besorgten.

Lukullus kehrte also unverrichteter Dinge heim. Sein Nachfolger Servilius, welcher im Jahre 102 mit der Sklavenbezwingung beauftragt wurde, hatte die gleichen Mißerfolge, indem er Schlappe um Schlappe bei seinen Kämpfen davon trug. Später stellte man beide Feldherrn vor Gericht und verurtheilte sie.

Endlich im Jahre 101 fand sich auch für diese Revolution der Todtengräber. Der Consul Manlius Aquillius erschien mit einer ansehnlichen Heeresmacht auf dem Plane nnd bot Alles auf, die Oberhand zu gewinnen. Dies gelang ihm denn auch, aber erst nach zweijährigen furchtbaren Kämpfen. Es mußte gleichsam jeder Fuß Land mit dem Schwerte erstritten werden. Weiter und weiter wurden die Sclaven zurückgedrängt, bis man sie schließlich in ihren letzten Schlupfwinkeln erbarmungslos zusammenhieb. Wie viele Menschen dabei zu Grunde gingen, ist nicht bekannt geworden, doch kann man sich leicht eine ungefähre Vorstellung davon machen.

Die „Ordnung“ war somit neuerdings hergestellt, die Aussaugung der Menschen-Waare konnte wieder von Statten gehen. Das rothe Gespenst war abermals im Blute ersäuft, die „honette Gesellschaft“ konnte den tollen Wirbeltanz auf dem Vulkane fortsetzen.

XII.
Neue Kämpfe der Volkspartei.

Die Sclavenfrage war kaum durch Blut und Eisen — nicht gelöst, sondern vorläufig von der Tagesordnung gestrichen worden, als die Proletarierfrage neuerdings von sich reden machte. Als Führer der Volkssache trat jetzt anscheinend Marius auf, ein eigenthümlicher Mann, der zunächst näher gekennzeichnet werden muß.

Marius war der Sohn eines ländlichen Proletariers, der sein Leben dadurch fristete, daß er bei den Bauern als Tagelöhner arbeitete. Seine Jugend verbrachte demgemäß unser Mann in der tiefsten Armuth, so daß es für ihn eine Erleichterung war, als er zum Militär kam. Hier fand er alsbald Gelegenheit, sich durch Tapferkeit auszuzeichnen und brachte es zum Officier. So nebenbei brachte er auf seinen Kriegszügen durch Spekulationen erkleckliche Sümmchen zusammen, und schließlich besiegelte er sein materielles Glück durch die Heirath eines wohlhabenden Mädchens aus aristokratischer Familie. Nun wußte er sich auch Staatsämter zu erwerben, war doch Reichthum hierzu die erste Vorbedingung. Mit 40 Jahren, nämlich um 115, bekleidete er bereits die Prätur von Spanien, und 8 Jahre später ward er Consul (für das Jahr 107). Die beiden darauf folgenden Jahre fungirte er als Prokonsul, und von 104—101 wurde er abermals, vier Mal hintereinander (bisher noch nicht dagewesen) Consul. Man rühmte ihm nach, daß er unbestechlich gewesen sei, und beim Volke war er ziemlich beliebt, nicht so beim Senat. Dieser hatte an ihm auszusetzen, daß er keine fremde Sprachen verstand, keinen Schönheitssinn hatte u. s. w. Obgleich er, was damals bei allen Staatsmännern Erforderniß war, kein großes Rednertalent besaß, hatte er sich eines großen Einflusses auf die Bevölkerung zu erfreuen. Die Reformen, welche er als Consul durchführte, betrafen das Militärwesen und fanden beim Volke Anklang. Erstlich knüpfte er den Zutritt zur Armee an keine Bedingungen, so daß jeder Römer und Bundesgenosse ohne Unterschied des Vermögens wehrfähig ward, und zweitens hob er die bisherige Rangordnung innerhalb des Heeres auf und führte gleichheitliche Principien durch. Diese Neuerung in Verbindung mit dem Umstande, daß Marius mit dem jüngeren Gracchus, dessen Verlust immer schmerzlicher gefühlt wurde, einen Vornamen gemein hatte, ließen das Volk hoffen, daß er auch in Bezug auf die Grund- und Bodenfrage sich seiner annehmen werde. Muthige, charakterfeste und befähigte Männer waren eben nachgerade so rar geworden, daß sich das Volk ängstlich an diejenigen anklammerte, von denen es glaubte, Gutes erwarten zu dürfen. Wo es einmal so steht, da ist die größte Gefahr vorhanden, daß irgend ein energischer, den Massen schmeichelnder Mann die Alleinherrschaft an sich reißt. Wenn in Rom trotzdem der Cäsarismus erst einige Zeit später greifbarere Formen annahm, so lag dies jedenfalls weniger an der Situation im Allgemeinen — diese war schon jetzt reif dazu — als daran, daß noch Keiner den kecken Wurf that. Marius hätte schon das Zeug dazu gehabt, allein er scheint nicht frech genug gewesen zu sein. Als er gegen das Ende des Jahres 101 von mehreren Feldzügen als Sieger heimkehrte, ward er vom Volke förmlich vergöttert. Dasselbe erwartete, daß er nun auch den inneren Feind, die aristokratische Mißwirthschaft, vernichten werde, eine Hoffnung, die noch erhöht wurde, als sich Marius zu der Demokratie gesellte und für sich die erste Consulstelle und für die ersten Wortführer dieser Partei das Tribunat von den Wählern begehrte. Es wurde in diesem Sinne tüchtig agitirt und Marius ward für das Jahr 100 erster Consul, der Demokrat Saturninus, Volkstribun, Glaucia, ebenfalls Demokrat, Prätor, während alle übrigen vornehmlichen Posten mit politischen Nullen besetzt wurden, so daß die drei genannten Personen in ihren Handlungen ganz freien Spielraum hatten.

Diese drei Männer nahmen nun die Gracchischen Bestrebungen neuerdings in die Hand. Die niedrigen Getreidepreise wurden noch mehr herabgesetzt (von $6^1/_3$ auf $^5/_6$ Aß per römischen Scheffel). Auch den Kapitalisten ward wiederum große Bevorzugung zu Theil, um sie gegen den Landadel einzunehmen. In dieser Beziehung hatte man also nichts gelernt, sondern verfiel in die alten Fehler, welche durch die anscheinend guten Absichten nicht verzeihlicher gemacht wurden. Neu war der nun in Anwendung kommende Grundsatz, wonach den entlassenen Soldaten in erster Linie Land verschafft werden sollte, nebenbei bemerkt, ein Princip, welches den nachmaligen Cäsaren zur kräftigsten Stütze diente. Um die ausgedienten Soldaten in Bauern verwandeln zu können, nahm man eine Colonisation im großartigsten Maßstabe in Aussicht. Alle eroberten Länder sollten nach und nach unter den von der Armee Ausscheidenden ausgetheilt werden und zwar sollten hierbei die Italiker die gleiche Berücksichtigung finden, wie die eigentlichen Römer. Dabei bestand keineswegs die Absicht, die Colonien zu selbstständigen Gemeinden zu machen, vielmehr sollten dieselben Filialen Roms werden.

Die Gesetze über die Getreidespendung und über die Colonial-Anlagen stießen beim Senat natürlich auf heftigen Widerspruch. Der Tribun Saturninus kümmerte sich jedoch um die senatorischen Brandreden ganz und gar nicht; ebensowenig ließ er sich irre machen, als das gewöhnliche Mittel, die Einsprache durch einen bestochenen Tribunen, in Anwendung gebracht wurde; ohne ein Wort darüber zu verlieren, ließ er die Abstimmung ihren Lauf nehmen. Jetzt griff der Senat zum Pfaffenschwindel. Er zeigte der Volksversammlung an, daß ein Donnerschlag vernommen worden sei, durch welches Zeichen nach altem Gebrauche die Götter befohlen hätten, daß die Volksversammlung auseinandergehen solle; Saturninus bemerkte hierauf den Abgesandten des Senats, dieser werde wohl thun, sich ruhig zu verhalten, da sonst auf den Donner möglicher Weise auch noch der Hagel folgen könnte. Wüthend über solchen Bescheid, ließ nun der Senat seine Knittelgarde, eine Rotte erkaufter Lumpenproletarier, unter der Anführung des Quästoren Cäpio vorrücken; aber die projectirte gewaltsame Sprengung gelang nicht, indem die von den Feldzügen des Marius zurückgekehrten Soldaten äußerst zahlreich erschienen waren (handelte es sich doch um deren Interesse ganz besonders) und die Tumultuanten kräftiglichst durchprügelten. Nach dieser Störung trat die Volksversammlung aufs Neue zusammen und vollendete die Abstimmungen.

War auf diese Weise der Senat geschlagen worden, so dachte ihm die Volkspartei nachträglich noch eine neue Demüthigung zu; sie verlangte nämlich von ihm, daß er die neuen Gesetze beschwöre. Diese Anforderung war an den bereits gehörig eingeschüchterten Senat derart kategorisch gestellt worden, daß nur ein einziger Senator, Quintus Metellus, unumwunden den Eid zu verweigern wagte; aber auch dieser Mann hielt es für gerathen, sogleich freiwillig in die Verbannung zu gehen. Da half Marius der Aristokratie aus der Klemme — Marius, den man bisher als den Kopf der Volkspartei anzusehen gewohnt war, und der seine Consulstelle ausschließlich den Demokraten verdankte! — Einerseits unfähig, den Geist der Reformen richtig zu erfassen, andererseits vor seinen eigenen Werken erschreckend, war er der Erste, der den senatorischen Eid unter Vorbehalt ablegte. Er gelobte, daß er seinen Schwur halten wolle, falls die Gesetze rechtsbeständig seien. Einen solchen Fingerzeig ließen die Senatoren nicht unbeachtet; sie modificirten sammt und sonders ihren Eid nach dem Beispiele des ersten Consuln, mithin hielten sie das Volk rein zum Narren! —

Zu spät sah jetzt die Bevölkerung ein, daß Marius nichts mit dem jüngeren Gracchus gemein hatte, als dessen Vornamen; zu spät trennten sich Saturninus und Glaucia nunmehr von dem Schaukelpolitiker; zu spät überschütte ihn Glaucia mit der ätzenden Schärfe seiner Beredtsamkeit; jetzt konnte nur noch die physische Gewalt den Ausschlag geben. Es standen zwar die Wahlen vor der Thüre, bei denen man sich in legaler Weise messen konte, aber bekanntlich waren die bisherigen Straßenkämpfe gerade bei solchen Gelegenheiten ausgebrochen und zwar jedesmal durch Provocirung durch die Aristokratie. Mit welcher Aufregung man daher allseitig der Wahl entgegen sah, kann man sich denken.

Endlich war der entscheidende Moment gekommen. Saturninus bewarb sich für das Jahr 99 neuerdings ums Tribunat und ward auch gewählt. Nicht so glatt ging es mit den übrigen Wahlen ab. Schon vor längerer Zeit hatte sich Jemand für den Sohn des Tiberius Gracchus ausgegeben (in Wirklichkeit war derselbe verschollen; wahrscheinlich hatten ihn die Aristokraten aus dem Wege räumen lassen), wurde aber entlarvt und ins Gefängniß geworfen; bei dem großen Mißtrauen, das jetzt im Volke herrschte, dachte man jedoch, es könne am Ende doch der Rechte sein, daher stürmte man seinen Kerker und machte ihn zum Volkstribunen. Jedenfalls hatte man es dabei auf eine Demonstration abgesehen, vermittelst welcher man den Grachen huldigte. Diese beiden Vorfälle wurden übrigens aristokratischerseits ohne Widersetzlichkeit hingenommen, und erst bei der Consulwahl kam die Bombe zum Platzen.

Candidat der Volkspartei war Glaucia, sein aristokratischer Gegner hieß Memmius. Es entspann sich eine Agitation, bei welcher die ganze Schroffheit eines Klassenkampfes zu Tage trat. Es kam soweit, daß Memmius, nachdem er lange genug die Bevölkerung gereizt und verhöhnt hatte, auf dem Markte todtgeschlagen wurde. Damit war dem Senat, der vielleicht selbst die Todtschläger gedungen hatte, der sehnlichst erwartete Vorwand zum Einschreiten gegeben.

Marius wurde von der Regierung aufgefordert, die Proletarier zu Paaren zu treiben, und siehe da: der ehemalige „Volksfreund" säumte nicht, diesem Antrage zu entsprechen. Die jüngeren Leute von der Regierungspartei wurden aufgeboten und mit Waffen aus den öffentlichen Gebäuden ausgerüstet. Der Senat selbst erschien gleichfalls bewaffnet; und der glühendste Interessen-Fanatismus sprühte aus Aller Augen.

Als das Volk plötzlich solche Macht sich entfalten sah, lief es bestürzt durcheinander, und nur ein kleiner Theil der besitzlosen Bürger und Anhänger der Demokratie bereitete sich zur Vertheidigung vor. Die Sklaven wurden da und dort aufgefordert, für ihre und für des Volkes Freiheit zu fechten, aber dieser Ruf verhallte ungehört; die Sklaven wußten nachgerade, daß man sich ihrer bei politischen Kämpfen nur bedienen wolle, wenn Kastanien aus dem Feuer zu holen seien, und blieben daher fast ohne Ausnahme indifferent. Auf der anderen Seite ließ der Senat wieder einmal die alte Verleumdungsmanier in Anwendung bringen, indem er die falsche Nachricht der Kolportage übergab, Saturninus sei zum König ausgerufen worden. Schüttelten auch Viele über solches Geschwätz ungläubig die Köpfe, so ließ sich doch auch mancher Demokrat irre machen; der Hauptzweck, den die Aristokratie durch solche Manöver verfolgte, nämlich die Heraufbeschwörung allgemeiner Confusion, ward also jedenfalls erreicht.

Am 10. December 100, dem Tage des Amtsantritts der neugewählten Beamten, kam es zum offenen Kampfe und zwar auf dem Marktplatze. Die Volkspartei, schlecht organisirt und noch schlechter bewaffnet, wurde geschlagen und zog sich aufs Capitol zurück, wo man den Besiegten das Wasser abschnitt und sie so nöthigte, sich zu ergeben. Da trat Saturninus hervor und rief mit weithin vernehmlicher Stimme, daß sein reformatorisches Vorgehen durchweg im Einverständnisse mit dem Consul geschehen sei. Marius wurde über und über roth vor Scham und wußte gar nicht, was er that. Seine Rathlosigkeit bemerkend, warteten die Sprößlinge der Aristokratie (würdige Vorbilder der „goldenen Jugend" der Neuzeit) seine Befehle gar nicht mehr ab, sondern erstiegen das Dach des Rathhauses am Markt, in welches vorläufig die Gefangenen gesperrt worden waren, deckten die Ziegel ab und steinigten die Ersteren. Saturninus sammt den meisten sonstigen nahmhafteren Demokraten kam so ums Leben. Glaucia ward in einem Versteck aufgefunden und gleichfalls ermordet. Der große „Ordnungs"-Knittel hatte einen neuen Sieg zu verzeichnen.

Marius, dessen trauriges Benehmen die Niederlage der Volkspartei in erster Linie verschuldete, erntete hierfür übrigens die allseitige Verachtung, so sehr, daß er es gar nicht wagen konnte, sich um ein Amt zu bewerben. Er ging nach Asien, um dort seinem Ehrgeize Befriedigung zu verschaffen, fand aber keine rechte Gelegenheit dazu. Und als er später wieder nach Rom kam, wurde sein Haus von Jedermann gemieden, von den Demokraten, weil sie in ihm einen Verräther erblickten, von den Aristokraten, weil er ihnen zu ungeschliffen war.

Daß die siegreiche Reaktion mit den auf der Stelle erlegten Opfern sich nicht begnügte, kann man sich — zumal wenn man an die früheren Racheakte denkt — leicht vorstellen. Die sogenannten Geschworenen gingen mit der rücksichtslosesten Härte gegen Jeden vor, der sich zu den reformatorischen Principien bekannte, oder auch nur sonst wie merken ließ, daß er damit sympathisire. So verurtheilten sie z. B. den Volkstribunen Titius nach Ablauf seiner Amtszeit deshalb, weil er das Bild des Saturninus im Hause hängen hatte. Ein anderer Volkstribun, Decianus wurde nach seiner Amtirung verurtheilt, weil er während derselben (wo er doch volle Redefreiheit genoß) das Verfahren der Aristokratie gegen die Demokraten als ungesetzlich bezeichnet hatte. Sogar für solche Unbilden, welche früher den Aristokraten von irgend einem Demokraten angeblich zugefügt worden waren, wurde jetzt Rache genommen.

Wenn die Richter nur noch die Rolle von Banditen spielen, die auf ertheilte Winke, oder aus Parteihaß, oder gegen klingende Münze bereit sind, politische Gegner abzuthun, kann es nicht ausbleiben, daß Attentate und Meuchelmorde mehr und mehr zu den alltäglichen Erscheinungen zählen. Die Einen entledigen sich ihrer Feinde mit Umgehung der juristischen Klopffechter, die Anderen, für die Frau Justitia ohnehin nicht zu sprechen ist, wenden sich an den alten Richter Lynch, d. h. sie rechnen mit dem Gegner ganz nach Gelegenheit und freiem Ermessen ab.

Als der bekannte Eidesverweigerer Metellus vom Senate zurückberufen werden sollte, widersetzte sich ein Volkstribun diesem Antrage, da stürzte sofort eine Rotte vornehmen Pöbels über ihn her und riß ihn buchstäblich in Stücke. Vater Lynch antwortete auf diesen Gewaltakt damit, daß er den Metellus von unbekannter Hand vergiften ließ.

Auf dem Gebiete der Gesetzgebung war die Reaktion nicht minder geschäftig, als auf dem der thätlichen Gewalt. Consularische Gesetze lösten die tribunicischen, Freiheitsbeschränkungen die Forschrittsmaßregeln ab. Was Saturninus hatte beschließen lassen, das ward ohne Weiteres für nichtig erklärt; und die überseeischen Colonien löste man auf, bis auf diejenige von Corsika. Der Tribun Titus hatte zwar im Jahre 99 einen neuen Versuch gemacht, den Ackergesetzen auf die Beine zu helfen, sein diesbezüglicher Antrag wurde in der Volksversammlung auch acceptirt, allein nachträglich kassirte der Senat das Gesetz unter einem religiösen Vorwande, und das Volk ließ es sich ruhig gefallen.

Endlich sollte auch mit denjenigen Rechten aufgeräumt werden, welche die Reformepoche den Rittern eingebracht hatte. Drusus, ein Sohn jenes Elenden, der einst Cajus Gracchus zu Falle gebracht, war im Jahre 91 Volkstribun geworden und bestrebte sich, im Vereine mit verschiedenen Gleichgesinnten, einerseits die ritterschaftlichen Privilegien wieder der Aristokratie zu überliefern, andererseits auch das Proletariat für den Senat zu ködern. Er brachte es zunächst dahin, daß den Rittern die Geschworenengerichte abgenommen und dem Senat zugewiesen wurden. Ebenso brachte er die Vermehrung des senatorischen Collegiums um 300 Sitze zu Stande — nicht ohne daß es heftige Zusammenstöße mit den Rittern setzte.

Das Volk wollte Drusus dadurch abfertigen, daß er bezüglich der Getreidespenden noch größere Freigebigkeit vorschlug, als sie bisher üblich war. Den ländlichen Proletariern konnte er freilich nur imponiren, indem er die alten Landaustheilungs-Projekte, wenn auch in beschränkterer Form, wieder aufnahm. Er schlug vor, man solle namentlich die campanischen Domänen und einen Theil Siciliens austheilen. Endlich brachte er auch den Antrag auf Ertheilung des Bürgerrechts an die Bundesgenossen ein, der übrigens nicht durchging, wie in allen früheren Fällen. Welche niedrigen Gesinnungen Drusus indessen dem Volke gegenüber hegte, geht z. B. daraus hervor, daß er zu sagen pflegte, wenn man nun alles verfügbare Land von Senatswegen vertheile, so bleibe den zukünftigen Demagogen weiter nichts mehr zur Theilung, als der Straßenkoth und das Morgenroth.

Ein Begünstiger der Ritterschaft, der Consul Philippus, wurde, weil er gegen die Gesetzesvorschläge opponirte, auf Veranlassung des Drusus verhaftet und eingesperrt, sodann gingen, wie gesagt, nach ungeheuren Gegenanstrengungen der Ritter die Gesetze durch, nur die Ertheilung des Bürgerrechtes an die Bundesgenossen ward verworfen. Das Volk sah nicht ein, daß es sich im Großen und Ganzen bei der „Reform" nur um eine Erhöhung der senatorischen Macht handelte, daher zollte es dem Abstimmungsresultate Beifall.

Die Freude währte indeß nicht lange; denn bald zeigte es sich, daß nun nicht etwa eine Streitfrage entschieden sei, sondern, daß im Gegentheil die Abstimmung das Signal zu neuen Kämpfen gegeben hatte. Nach einem Gesetze vom Jahre 98 war es nämlich verboten, mehrere Anträge gleichzeitig zur Abstimmung bringen zu lassen; Drusus hatte dies aber gethan, weil er befürchtete, daß sein Geschworenen-Gesetz allein nicht angenommen würde. Auf diesen Formfehler pochten nun die Gegner der Neuerung. Der wieder freigelassene Consul forderte den Senat auf, die Gesetze wegen ihres formwidrigen Zustandekommens zu kassiren; allein die Majorität leistete dem keine Folge. Nun erklärte der Consul auf offenem Markte, daß er mit einem solchen Senate nicht regieren könne und sich um einen andern Staatsrath umsehen werde. Dies roch stark nach einem Staatsstreich. Drusus berief den Senat und forderte von ihm ein Tadels- und Mißtrauens-Votum gegen den Consul; ein solches wurde denn auch nach stürmischen Debatten ausgesprochen.

Wie es jedoch immer geht, wenn in den Parlamenten nur Redensarten losgelassen werden, ohne daß die Zungendrescher gleichzeitig entschlossen sind, ihren Worten nöthigenfalls durch Thaten Nachdruck zu verleihen, so stellte sich auch hier hintennach die Angstmichelei ein. Die Aristokratie fürchtete sich vor einer Revolution der Ritter mit dem Consul Philippus an der Spitze; auch waren ihre Interessen zu sehr mit denen der ritterlichen Spekulanten und Wucherer verwebt, als daß sie es über sich hätte gewinnen können, mit denselben in einen physischen Kampf sich zu verwickeln; endlich kamen noch Nebenumstände hinzu, welche den Senat zur Umkehr bewogen. Zu diesen Umständen gehörte der plötzliche Tod eines der thätigsten Gesinnungsgenossen des Drusus, noch mehr aber das Ruchbarwerden verschiedener Abmachungen dieses Tribunen mit den Bundesgenossen und das darüber laut werdende Geschrei über Landesverrath. Philippus drang immer heftiger auf Cassation der fraglichen Gesetze; die Vertheidigung derselben wurde immer lauer geführt; zuletzt that man nach dem Willen des Consuln.

Dieser einfache Sieg genügte übrigens den Rittern nicht. Als Drusus eines Abends, wie gewöhnlich, von vielen seiner Anhänger nach Hause begleitet worden war und dieselben verabschiedete, wurde er ermordet, ohne daß man des Mörders habhaft geworden wäre. Eine nachträgliche Untersuchung einzuleiten, hielt man für überflüssig. Der Meuchelmord war nachgerade zu einer römischen Staatsinstitution geworden! — Die allgemeine Situation war am Schlusse der in diesem Kapitel beschriebenen Epoche begreiflicher Weise nicht besser, als am Anfang derselben, weitere Wirrnisse mußten daher nothwendig folgen.

XIII.

Allgemeine Staatswirren.

Die stiefmütterliche Behandlung der bundesgenössischen Gemeinden Italiens, das hartnäckige Verweigern der politischen Gleichberechtigung für dieselben, endlich die fortwährenden Bedrückungen und Brutalitäten, welche sich die römische Beamtenschaft in Italien, wie in den fernsten Provinzen, herausnahm, — alle diese unerträglichen Uebelstände drückten den Bundesgenossen wieder einmal das Schwert der Empörung in die Faust; und diesmal war es nicht eine einzelne Stadt, die losschlug, sondern es war ein großer Städte-Bund. Lange genug hatten die Italiker vergeblich gehofft, gelegentlich der Kämpfe, welche die Demokraten und Aristokraten in Rom mit einander ausfochten, das Bürgerrecht abzubekommen; sie sahen sich bald von der einen, bald von der anderen Seite betrogen und wollten es einmal mit der eigenen Kraft versuchen, was umso weniger waghalsig sein konnte, als sich in den bundesgenössischen Distrikten überall die Römer zu den Italikern wie 2 zu 3 verhielten.

Schon zu Lebzeiten des Drusus soll ein Geheimbund existirt haben, der die politische Gleichberechtigung der Italiker mit den Römern anstrebte; mit Drusus ging nun die letzte Hoffnung auf Erreichung dieses Zieles mit friedlichen Waffen verloren. Es herrschte allenthalben eine verzweiflungsvolle Stimmung, zumal massenhafte „Hochverraths"-Processe in Aussicht standen; und für Viele lag die Frage nur noch so: ob sie kämpfend oder unter dem Henkerbeile fallen wollten. Somit waren die Verschwörung und der Aufstand sozusagen schon selbstverständlich.

Wie indeß der eigentliche Beginn einer Revolution jederzeit durch irgend eine Frechheit der jeweiligen Gewaltträger provocirt wird, so geschah es auch hier. Zu Askulum hatte der Prätor Servilius, welchem die Gährung im Volke nicht entgangen war, im Theater eine unverschämte Drohrede gegen die zahlreichen Anwesenden losgelassen und damit dem Fasse den Boden ausgeschlagen. Die Menge fiel auf der Stelle über alle auf dem Schauplatze befindlichen römischen Beamten her und riß sie buchstäblich in Stücke. Hierauf wurden die Stadtthore geschlossen und sämmtliche Römer niedergemacht (90).

Mit stürmischer Hast flog die Kunde von diesem Ereigniß von Ort zu Ort, und nicht minder geschwind verpflanzte sich der Aufstand über die ganze italische Halbinsel. Im Süden gewann er den meisten Boden, weil hier ein geschickter Organisator, Quintus Silo, an der Spitze stand. Indeß wurde allenthalben den Römern der Gehorsam gekündigt, wenn es auch sehr viel darauf ankam, welche Besitzthumsverhältnisse in den einzelnen Gemeinden vorwogen. Wer dem Revolutionsheere die meisten Streiter stellte, das waren die kleinen Bauern; diesen allein galt die politische Gleichberechtigung mit den Römern oder die Unabhängigkeit von denselben als eine nothwendige Vorbedingung zur Verbesserung ihrer socialen Lage; damit ist denn auch festgestellt, daß der Bundesgenossenkrieg wesentlich auf sociale Motive zurückzuführen ist und daher ein Glied in der Kette jener Kämpfe bildet, die Rom dem Cäsarismus und der Zersetzung zuführten. Bundesgenossen, die Großgrundbesitzer oder Kapitalisten waren, zeigten wenig Lust, sich zu schlagen; ist doch die Klasse der Besitzenden zu allen Zeiten nur insoweit für einen Kampf eingenommen, als derselbe es ihnen gestattet, weit vom Schuß zu sein und möglichst großen Gewinn daraus zu ziehen. Kommt dagegen ihr „Eigenthum" nur im Geringsten ins Gedränge, so sind sie für die Aufrechterhaltung der „Ruhe und Ordnung" um jeden Preis, wenn dieselben auch nichts weiter sind, als die Ruhe der Gräber und die Ordnung der Friedhöfe, und wenn es noch so sehr auf der Hand liegt, daß das Verharren beim Gehorsam gegen die Tyrannei dieser die allgemeine Versumpfung von Staat und Gesellschaft ermöglicht. Der behäbige Spießbürger und der Krautjunker sind darum stets geneigt gewesen, der Reaction Spanndienste zu leisten — mehr noch durch ihren Indifferentismus, als durch wirkliches Eingreifen. Dieser „Bauch des Volkes", wie Held die verschiedenen Gattungen des Spießbürgerthums recht zutreffend nennt, will lediglich materielle Güter verdauen; höhere Interessen sind ihm ganz unverständlich. Wenn man sich dies vor Augen hält, so wird man auch begreifen, wieso solche Orte, wo das reichere Spießbürgerthum vorwog, am Kampfe nur geringen Antheil nahmen oder gar unter die Fittige Roms sich verkrochen.

Im Allgemeinen stand alsbald die Sache so, daß man nothwendiger Weise an den Sieg der Italiker glauben mußte, wenn auch die Römer gleich von vornherein jede Unterhandlung mit den „Rebellen" ablehnten und unbedingte Unterwerfung forderten. Diese zu einem Gemeinwesen verwachsene Räuberhorde kannte nur noch ein Regierungsprinzip, den Schrecken, mit dem sie schon so unzählige „Erfolge" erzielt hatte. Zunächst rottete die römische Staatsgewalt den „inneren Feind", nämlich die Anhänger des gemeuchelten Drusus (obgleich derselbe eigentlich ein Werkzeug der Aristokratie war), durch Hochverraths-Prozesse aus; dann rückte sie mit ihrer ganzen disponiblen militärischen Macht gegen die Bundesgenossen.

Inzwischen hatten sich dieselben förmlich staatsmäßig organisirt, wobei sie leider in den Fehler verfallen waren, die Organisation Rom's sich zum Muster zu nehmen. Die Stadt Corfinium war zum Mittelpunkte des Gemeinwesens ausersehen worden und erhielt den Namen Italia oder Gegen-Rom. Markt und Rathhaus steckte man ab; und sämmtliche aufständische Gemeinden bekamen das Bürgerrecht dieser Stadt eingeräumt. Einen aus 500 Mitgliedern bestehenden Senat hatte man beauftragt, eine Verfassung auszuarbeiten. Provisorisch fungirten 2 Consuln und 12 Prätoren; auch eigene Münzen wurden geschlagen. Die Armee, welche alsbald formirt worden war, stand unter der Führung des Metellus und muß sehr beträchtlich gewesen sein, indem die Römer, welche nun 100,000 Mann stark in's Treffen rückten, Anfangs eine Schlappe um die andere erlitten — jedenfalls kein Zeichen besonderer Genialität des römischen Feldherrn!

So war bereits ein Jahr erfolglosen Kampfes verflossen, als endlich etliche kleinere Siege römischerseits erfochten wurden, die aber keineswegs eine Bezwingung der Bundesgenossen in nahe Aussicht stellten. Nun verlegte sich der Senat auf diplomatische Kunststückchen und brachte, wenn auch unter Aufgabe seiner früheren Grundsätze, eine Schwächung des Feindes zu Stande. Allen italischen Gemeinden, die sich noch nicht am Aufstande betheiligt hatten, wurde — mit einigen unwesentlichen Beschränkungen — das römische Bürgerrecht zugestanden. Das gleiche Recht wurde außerdem noch jedem einzelnen Italiker verbürgt, der sich binnen zwei Monaten bei einem römischen Beamten melde. Wie auf dem erst n Blick ersichtlich ist, war der Zweck dieser Nachgiebigkeit der Gimpelfang. Und man hatte richtig calculirt; unter den Bundesgenossen, die bei einmüthigem Zusammenstehen und energischem Handeln zweifellos siegreich aus dem Kampfe hervorgegangen wären und ihre Unabhängigkeit von Rom erlangt hätten, gab es armselige Tröpfe genug, die sich zum Ueberlaufen verstanden. Je mehr dies geschah, desto mehr neigte sich den Römern der Sieg zu. Nach zweijährigen Kämpfen waren sie im Stande, dem Aufstande an den meisten Stellen den Garaus zu machen. Mit wahrhaft bestialischer Rohheit wurden jetzt die Feinde niedergetreten; ganze Städte rotteten die Römer aus, und das Würgen wollte gar kein Ende nehmen. Nur die Samniter, die fast aus lauter Kleinbauern bestandern und auch eine große Anzahl von freigelassenen Sclaven in ihren Reihen hatten, hielten sich noch längere Zeit, wobei es ihnen sehr zu statten kam, daß nicht allein ein neuer Krieg (gegen Mythradates), sondern auch eine neue Revolution in der Hauptstadt ausbrach. Gleichwohl berechnete man die Menschen, die bis dahin im Bundesgenossenkriege bereits umgekommen waren, auf mehr als 300,000! — Die italischen Völker bekamen indeß, soweit sie nicht ausgerottet waren, nunmehr das römische Bürgerrecht zuerkannt. Hätte man sich gleich zu dieser Concession verstanden, so wäre es wohl zu gar keinem Kampfe gekommen; aber so ist das Machthaberthum immer: jeder Fortschritt muß ihm abgetrotzt, abgezwungen und abgekämpft werden! Dies mögen sich Diejenigen merken, welche glauben, es seien auch ohne Hinzuthun des Volkes Verbesserungen auf dem Gebiete des öffentlichen Lebens denkbar, und die ihren traurigen Stolz darein setzen, sich „gar keiner Partei" anzuschließen. Gerade diese parteilosen Jammergestalten sind es, welche oft der größten Tyrannei die Herrschaft ungemein verlängern.

In Rom war zu jener Zeit ein förmlicher „Krach" hereingebrochen. Den gewagtesten Speculationen war ein allgemeines Bankerottmachen gefolgt; und zwischen Schuldnern und Gläubigern entspann sich eine bittere Feindseligkeit, die einen weit bedenklicheren Charakter annahm, als die großen Börsen-Prügeleien, wie sie heutzutage bei ähnlichen Anläßen vorkommen. Die Gläubiger zogen eines Tages unter der Führung des Volkstribunen Cassius nach dem Markte und erschlugen hier den Prätor, weil derselbe mit den berüchtigtesten Gründern unter einer Decke gesteckt hatte. Die Schuldner dagegen schrieen nach einem

Gesetze, das durch alle Schuldscheine einen Strich mache. Ein Zusammenstoß der feindlichen Elemente war unausbleiblich. Als ob aber die Kalamität so noch nicht groß genug gewesen wäre, gesellten sich zu derselben vielfache andere Uebel, so daß im Allgemeinen der reine Hexensabbath zum Ausbruch kam, wie stets geschieht, wenn einmal in einem Gemeinwesen allgemeine Verlotterung eingerissen ist.

Zwei Männer, resp. deren Ehrgeiz und Herrschsucht, waren es ganz besonders, die dem Streite die Krone aufsetzten, nämlich Marius (den der Leser bereits kennen gelernt hat) und Sulla. Der Letztere hatte sich als Consul für das Jahr 88 im Bundesgenossenkriege den traurigen Ruhm erworben, die für ihre Freiheit und Selbstständigkeit fechtenden Italiker zu Tausenden massacrirt zu haben, und hoffte dieserhalb als Feldherr gegen den König Mythradates von Pontus geschickt und so in die Lage versetzt zu werden, neue Trophäen und Schätze zu erwerben. Marius trug sich mit dem gleichen Verlangen; und das Ende dieser Rivalität war, daß jeder der beiden Rivalen eifrigst Anhänger warb, um sie in die Wagschale werfen zu können; Jeder operirte dabei natürlich mit Versprechungen und zum Theil auch mit populären Handlungen. Marius, dessen trauriges Benehmen wie es scheint, schon wieder vergessen war, verband sich mit dem Volkstribunen Sulpicius Rufus, der, wie sich Plutarch ausdrückt, jeden Bubenstücks fähig war. Dieser Abenteurer unterhielt eine Knittelgarde von etwa 3000 bewaffneten Strolchen, und umgab sich mit der ritterlichen Jugend, die er den Gegensenat nannte. Obgleich er von Hause aus ganz reaktionären Grundsätzen huldigte, schreckte er doch nicht davor zurück, anscheinend freisinnige Gesetzesvorschläge zu machen, handelte es sich doch darum, zunächst beim Volke Boden zu gewinnen. Mit der eigentlichen Aristokratie stand er übrigens wirklich auf gespanntem Fuße und hielt es mehr mit den Kapitalisten.

Die Gesetzesvorschläge, welche Sulpicius um's Jahr 88 vor die Volksversammlung brachte, waren folgende: Jeder Senator, der mehr als 2000 Denare (1800 Mark) Schulden habe, solle seiner Rathsstelle entsetzt werden; die anläßlich des letzten Bürgerkrieges Verbannten sollten zurückgerufen werden; die Neubürger und Freigelassenen, die man in eigene Klassen eingetheilt und so mehr oder weniger einer Stimmbeschränkung unterworfen hatte, sollten auf die alten Wählerklassen vertheilt werden; endlich sollte Marius mit der Kriegsführung gegen Mythradates betraut werden.

Die Consuln Sulla und Pompejus, der Senat und viele Altbürger widersetzten sich diesen Vorschlägen mit der größten Heftigkeit. Da sie sich aber der Mehrheit der Bevölkerung Roms nicht ganz sicher fühlten, suchten sie dieselbe durch Veranstaltung großartiger Festlichkeiten zu ködern. Sulpicius wartete jedoch nicht ab, welchen Erfolg dies haben werde, sondern erregte einen Auflauf, bei welchem verschiedene Altbürger erschlagen worden sind, ja wodurch sogar das Leben der beiden Consuln dermaßen bedroht wurde, daß es dieselben für gerathen fanden, aus der Stadt zu der im Felde stehenden Armee zu entfliehen. (Dieselbe stand gerade im Begriffe, die in Nola eingeschlossenen Samniter zu belagern.) Der Senat willigte nun in die vorgeschlagenen Gesetze und schickte nach Nola zwei Kriegstribunen, damit sie die dortige Belagerung leiteten. Inzwischen hatte aber Sulla bereits die Soldaten dermaßen zu seinem Gunsten bearbeitet, daß sie die eingetroffenen Tribunen auf der Stelle steinigten und gegen Rom geführt sein wollten! —

In der Hauptstadt rief die Kunde, daß Sulla mit 6 Legionen plünderungslustiger Soldaten heranrücke, keinen geringen Schrecken wach. Marius und Sulpicius rafften nun zwar etliche Truppem zusammen, um Widerstand leisten zu können, allein Sulla drang ehe man sich's versah in die Stadt ein. Das Volk warf von den Dächern mit Steinen und Ziegeln auf die Sullaner, und es schien, als stocke deren Andrang. Da schwang Sulla eine brennende Fackel und gab die Parole aus, Rom werde in Brand gesteckt, falls es ferner Widerstand leiste. Dies wirkte. Die Vertheidigung der Stadt wurde immer schwächer und Sulla hatte die wenigen Streitkräfte bald versprengt oder niederhauen lassen.

Am anderen Tage versammelte Sulla das Volk und diktirte ihm die Abschaffung der jüngsten Gesetze. Die Urheber derselben hatten sich sammt ihrem engeren Anhange geflüchtet, daher erklärte der Senat 12 Personen aus diesen Flüchtlingen — darunter Marius und Sulpicius — für Vaterlandsfeinde und forderte zu deren Aufgreifung und Hinrichtung heraus. Sulpicius, von einem seiner Sclaven verrathen, ward bei Laurentium ergriffen und geköpft; sein Haupt ließ Sulla auf der Rednertribüne des Marktplatzes ausstellen. Marius und die übrigen Geächteten entkamen nach vielfältigen Abenteuern und Anstrengungen nach Afrika, wo sie des Augenblicks harrten, der ihnen die Rückkehr und Rache gestatten werde. Wie wir sehen werden, kam dieser Augenblick verhältnißmäßig rasch. Denn Sulla, der, wenn auch nicht dem Namen, so doch der Form nach, den Tyrannen vom reinsten (oder trübsten) Wasser spielte, provocirte bald genug neue Unruhen.

Dieser Dictator krempelte die ganze Verfassung im reaktionären Sinne um. Der durch die letzten Kämpfe stark gelichtete Senat ward auf seine Veranlassung mit 300 Erzreaktionären ergänzt, die Stimmrechtsordnung vom Jahre 241 abgeschafft. Hatte dieses Gesetz bestimmt, daß die in 5 Vermögensklassen eingetheilten Bürger in jeder Klasse gleichviel Stimmen besitzen, so setzte das neue (eigentlich nur einem uralten nachgeahmte) Stimmgesetz fest, daß die Höchstbesteuerten, die mindestens ein Vermögen von 100,000 Sesterzen (gegen 30,000 Mark) besitzen mußten, die erste Klasse bilden und als solche beinahe die Hälfte aller Stimmen abzugeben befugt seien. Damit war für die Wahl der Consuln, Prätoren und Censoren ein Census eingeführt, der die Minder- oder Nichtbesitzenden vom Wahlrecht förmlich ausschloß, ähnlich wie es bei dem Dreiklassenwahlsystem in Preußen und anderen Staaten der Fall ist. Die Befugnisse der Volkstribunen wurden dahin eingeschränkt, daß sie künftighin Gesetzesvorschläge erst dann vor's Volk bringen durften, wenn sie der Senat gebilligt hatte. So wäre also das aristokratische Regiment in aller Form wieder restaurirt gewesen. Was dieser Rückschritt nützte, werden wir gleich sehen.

XIV.

Die Schreckensherrschaft der Abenteurer.

Was jetzt noch zu besprechen bleibt, steht, mit Ausnahme des Spartakischen Sclavenkrieges, zur socialen Revolution nur noch in losen Beziehungen; die Aera der Revolutionen ist eigentlich schon abgeschlossen, und die Aera des Cäsarismus bekundet ihr Hereinbrechen immer entschiedener. Die furchtbaren Kämpfe, womit jene Uebergangsepoche begleitet war, wurden nicht mehr für Prinzipien, sondern nur noch zu Gunsten einzelner Personen ausgefochten; und der Umstand, daß einige davon populäre Bestrebungen auf ihr Banner schrieben, kann uns bei dem sonstigen Verhalten dieser Leute nicht täuschen; gehört es doch zu den Eigenthümlichkeiten aller Cäsaren und Derer, die es werden wollen — heute so gut wie damals! —, dem Volke hie und da zu schmeicheln, um es desto bequemer nasführen zu können. Und gerade diese Seite macht den politisch und social der infamsten Heuchelei ergebenen Cäsarismus weit verächtlicher als den reinen Absolutismus von Gottes Gnaden. Denn wer nicht eines ganz klaren Blickes in Bezug auf öffentliche Dinge sich erfreut, der vermag nur selten den Sirenenklängen der politischen Abenteurer zu widerstehen, läßt sich mit schönen Redensarten verleiten, für einen Schwindler die Kastanien aus dem Feuer zu holen und kommt erst dann zur Besinnung, wenn ihm das Fell bereits über die Ohren gezogen ist Freilich, wenn eine planmäßig getriebene Propaganda nach langjähriger Schulung ein Volk nach allen Richtungen hin socialpolitisch durchgebildet hat, wie es z. B. die socialdemokratische Agitation unserer Tage thut, dann ist derartigen Abenteuereien für immer der Boden entzogen; ohne eine derartige Schule aber folgen die Völker den augenblicklichen Gemüthserregungen und sind leicht zu bethören, daher die grenzenlose Wuth aller Gewalthaber über jede systematische Volksaufklärung! — Die römischen Volksmassen hatten eine solche Schule nicht durchgemacht, ja sie waren im Laufe der Zeit immer mehr geistig und sittlich heruntergekommen — namentlich die Bevölkerung der Hauptstadt —; man wird es also nicht für eine unbegreifliche Erscheinung erachten können, daß sich die Römer bei den nun zu schildernden Ereignissen, wenn sie als Prätorianer (Soldaten) auftraten, ungemein tapfer und tollkühn, wenn sie aber als Bürger in die Schranken traten, äußerst kläglich benahmen. Die sociale Frage führte noch jedes Volk vor den Scheideweg: siegreiche Revolution und Neubau des Gemeinwesens oder Cäsarismus und Zerfall desselben. Ist ein Volk, das an der socialen Frage krankt, noch hinlänglich mit gesunder Ueberlegung und Energie versehen, um die krankhaften Theile seines Collectivkörpers durch eine Radicalcur auszuschneiden und dafür neue (revolutionäre) Principien in sich aufzunehmen und zu Fleisch und Blut zu machen, so vermag es fortzuschreiten; ist hingegen das Uebel schon bis zu einer allgemeinen Blutvergiftung gediehen, und sucht sich der sieche Volkskörper mit Palliativmittelchen die augenblicklichen Schmerzen zu stillen, so verfällt er alsbald den Charlatanen, die im politischen Leben Cäsaren heißen, und wird vielleicht noch eine

Zeitlang durch künstliche Reizmittel in einem Zustande scheinbarer Lebendigkeit erhalten muß aber schließlich elendiglich zu Grunde gehen. Diese Vorausschickungen hielt ich für nöthig, einestheils zur Verständlichmachung des Nachfolgenden, anderntheils zur Erleichterung der daraus zu ziehenden Nutzanwendung.

Sulla hatte trotz seiner reaktionären Bemühungen doch nur einen Theil seiner ehrgeizigen Pläne erzielt, nämlich seine Sendung nach Asien. Dort stand Mithradates im Begriffe, gegen die Römer einen entscheidenden Schlag zu führen. Seinen Agitationen war es zu danken, daß in ganz Kleinasien plötzlich mit den Römern aufgeräumt wurde. Die Bevölkerung, längst erbittert über die blutsaugerischen römischen Spekulanten und sonstigen Ausbeuter, fiel allenthalben darüber her und erschlug sie, so daß bei dieser Gelegenheit ca. 80,000 Römer umgekommen sein sollen. War unter solchen Umständen eine förmliche Neubesetzung der Provinz Asia geboten, so mußten außerdem noch andere Schwierigkeiten überwunden werden, die Mythradates den Römern in den Weg legte. Es gelang demselben, fast ganz Griechenland mehr oder weniger auf seine Seite zu bringen; mithin standen für Rom eigentlich sämmtliche Erfolge auf dem Spiele, die es bisher im Osten erzielt hatte. Sulla hatte also Ursache, sich auf seine Sendung nach Asien etwas einzubilden. Dabei wird ihm der Hintergedanken nicht fremd gewesen sein, nach erfochtenen Siegen im Inneren Alles vollends nach Gutdünken einzurichten, kannte er doch jene epidemische Volkskrankheit, an welcher alle verkommenenen Nationen zu leiden pflegen, und die Siegesdusel heißt und den Siegern jeden Schwindel erlaubt.

Sulla's Pläne in Bezug auf die Staatsverwaltung waren, wie gesagt, zunächst nicht ganz geglückt. Trotz seines reaktionären Stimmgesetzes kam nur ein Consul nach seinem Geschmacke bei der Wahl für das Jahr 87 ans Ruder; es war dies Oktavius; der zweite Consul hingegen, Cinna, gehörte zu Sulla's Gegnern. Ebenso war einer der neuen Volkstribunen, Papirius Carbo ein großer Feind des Sulla.

Kaum war daher der Letztere außer Landes gegangen, so legte Cinna sofort eine Anzahl von Gesetzentwürfen vor, die auf eine Aufhebung der wesentlichsten Bestimmungen, welche Sulla oktroyirt hatte, abzielten, und durch welche die Rückberufung der Verbannten und die Vertheilung der Neubürger auf die alten Wählerklassen gefordert wurden. Natürlich wollten die Sullaner, d. h. alle Jene, die durch die Sulla'sche Reaktion in eine vortheilhafte Lage versetzt worden waren, hiervon nichts wissen. Es stand Consul gegen Consul, Tribun gegen Tribun im Treffen, und zwar kam jeder dieser Würdenträger mit bewaffnetem Anhang auf den Stimmplatz.

Als über die Gesetze Cinna's abgestimmt werden sollte, schickten sich die zum Senat, also zu Sulla, haltenden Volkstribunen an, hiergegen Einspruch zu erheben, allein ihre Gegner zogen die Schwerter und suchten sie einzuschüchtern. Dies war für Oktavius ganz erwünscht; denn er hatte sich von vornherein vorgenommen, beim nächsten besten Anlasse Gewalt in Anwendung zu bringen, weshalb er stets eine wohlbestallte Knittelgarde in Bereitschaft gehalten hatte. Diese ließ er nun los; und sie that ihre Schuldigkeit in wahrhaft scheußlicher Weise. Eigentlich sollte diese Bande nur die Wählerversammlung sprengen; aber sie betrieb den Todschlag im großartigen Maßstabe.

Es sollen an jenem Tage von den Anhängern Cinnas mindestens 10,000 Personen erschlagen worden sein, der Marktplatz soll einem Blutmeer geglichen haben.

Cinna floh und wurde in die Acht erklärt; aber Sulla hatte ihm gezeigt, wie man es bei solchen Gelegenheiten machen muß, um der Achtvollstreckung nicht allein zu entgehen, sondern auch die Rache anzubahnen. Er begab sich nach Campanien, wo noch immer eine römische Armee gegen die Samniter im Felde stand, und haranguirte die Soldaten, die ihm auch Treue schwuren. Dann durchzog er ganz Italien, suchte die Neubürger zu gewinnen und brachte so ein immer mehr anschwellendes Heer zusammen. Auch Marius, der schon langst auf eine derartige Gelegenheit gelauert hatte, kam mit seinen Fluchtgenossen — etwa 500 Mann — aus Afrika herbei und schuf sich im Vordringen ein Heer von etwa 6000 Köpfen, größtentheils aus befreiten Sclaven bestehend, die Marius durch Erbrechung der Sclavenzwinger um sich geschaart hatte

Je näher diese Leute gegen Rom kamen, desto rathloser wurden daselbst die Verhältnisse Viele Sclaven entliefen und flüchteten sich zu Cinna und Marius, manche Soldaten thaten ein Gleiches; und ehe man sich's versah, waren die mit Angst und Beben Erwarteten in Rom eingerückt. Hier hielten nun dieselben ein furchtbares Strafgericht; sie wollten die Aristokratie mit Stumpf und Stiel ausrotten, jedoch waren ihrer Rache Viele durch rechtzeitige Flucht entgangen Ihren zurückgebliebenen Feinden ging es indeß wirklich sehr übel. Bei geschlossenen Thoren wurde fünf Tage und fünf Nächte lang Kehraus gemacht, und hernach wurde in ganz Italien noch monatelang eine ähnliche Abrechnung gehalten. Diese Hinrichtungen in Masse sollen fast ausschließlich durch die befreiten Sklaven vollzogen worden sein. Ihr Lohn für diese Arbeit bestand darin, daß sie ein Genosse von Cinna, nämlich Sertorius, eines Tages unter dem Vorwande, ihnen den Sold auszubezahlen, zusammenberief und sammt und sonders niedermetzeln ließ!!! — — Auf solche verruchte Art hatten sich diese als Reformer sich ausspielenden Abenteurer ihrer Werkzeuge entledigt. Diese That macht es allein schon unmöglich, daß man ihr späteres Mißgeschick bedauert.

Den größten Vortheil aus diesen Ereignissen zogen die Kapitalisten. Diese Klasse hat jederzeit die Fertigkeit, mit seiner Spürnase rechtzeitig zu wittern, wer bei inneren oder äußeren Kriegen die Oberhand behält, und vermag daher stets rasch genug den jeweiligen Erfolg anzubeten und sich so die Haut zu decken. So war es auch diesmal ergangen. Dazu kam aber noch, daß die massenhaft gemachte Beute nun spottbillig zu haben war, weshalb die Spekulanten sich geschwind zu bereichern vermochten und daher spottweise vom Volke „Einsäckler" genannt wurden.

Marius bewarb sich neuerdings ums Consulat und erhielt es auch. Uebrigens soll er sich von da ab nur wenig am öffentlichen Leben betheiligt haben, lebensüberdrüßig geworden sein und der Trunksucht sich ergeben haben. Bald darauf, am 13. Januar 86, starb er im Alter von 70 Jahren.

Cinna spielte nun allein den Tyrannen. Er behielt 4 Jahre hintereinander das Consulat und ernannte alle Beamten, ohne je das

Volk darüber zu fragen. Immerhin wagte er es nicht, die versprochenen Reformen undurchgeführt zu lassen; er mußte doch irgend welche Bevölkerungstheile haben, auf die er sich stützen konnte. Das seiner Zeit von Sulpicius und später von Cinna selbst beantragte Gesetz, wonach den Neubürgern und Freigelassenen mit den Altbürgern gleiches Stimmrecht zugestanden wurde, bestätigte der Senat. Die von Sulla gegründeten und hernach durch Oktavius vertheidigten reaktionären Einrichtungen wurden aufgehoben, die Getreidevertheilungen im alten Umfange wieder hergestellt. Alle Schulden wurden zu drei Viertheilen für kassirt erklärt. Gegen Sulla selbst, der bisher auf seinem Kriegszuge beständig siegreich und nahe daran war, seine Lorbeeren heimwärts zu tragen, wurden ernsthafte Maßregeln ergriffen. Man setzte ihn ab, ächtete ihn, schleifte sein Haus in Rom und zerstörte seine Landgüter. Valerius Flaccus, der nach dem Tode des Marius Consul geworden war, wurde mit einer Armee nach Asien geschickt, um dort den Oberbefehl über sämmtliche römischen Streitkräfte zu führen und den Sulla womöglich abzuthun.

Dieser aber, in dessen Heer sich jetzt alle geflüchteten Aristokraten befanden und einen förmlichen Gegensenat bildeten, wich nicht von seinem Posten. Er ließ den Flaccus zwar eine Zeitlang auf eigene Faust gegen Mythradates fechten, schloß jedoch mit diesem alsbald einen Separatfrieden und zog gegen Flaccus heran. Derselbe war inzwischen gelegentlich einer Meuterei von seinen eigenen Soldaten erschlagen worden; und seine Armee ging nach kurzem Besinnen größtentheils zu Sulla über

Vier Jahre waren nun vergangen, seitdem Sulla nach Asien aufgebrochen war; jetzt machte er Anstalten, nach Rom zu ziehen. Er schickte dem Senat ein Schreiben, in welchem er kurz und bündig anzeigte, daß der Krieg zu Ende sei, daß er zurückkehre, daß er an allen Ruhestörungen, so weit sie zu den Urhebern der Empörung gehörten, Rache üben wolle, und daß er die Rechte der Neubürger nicht zu schmälern gedenke. Sogleich brach Cinna mit einer Armee auf, um sich nach Grichenland einzuschiffen und die Rückkehr Sulla's zu vereiteln; die Soldaten erklärten jedoch, daß die Witterung zu schlecht sei, um sich aufs Meer zu wagen; eine Meuterei brach aus und Cinna wurde todtgeschlagen. Als diese Armee wieder in Rom anlangte, hatte sich der Senat bereits mit Sulla in Unterhandlungen eingelassen, wobei Ersterer indeß darauf bestand, daß der Letztere die Waffen niederzulegen habe. Es wurden neue Consuln gewählt; aber statt energische Männer, die jetzt mehr als je am Platze gewesen wären, zu ernennen, wählte man zwei politische Nullen, die vor Angst nicht wußten, was sie beginnen sollten. Was nützte es bei solcher Zerfahrenheit, daß die Bevölkerung ernstliche Vertheidigung forderte, daß man 200,000 Bewaffnete aufbot, und daß allgemeine Erbitterung gegen Sulla herrschte? Offenbar gar nichts! Denn obgleich Sulla nur über 40,000 Soldaten gebot, so war zu bedenken, daß dies lauter kriegsgehärtete Prätorianer waren, die ihrem Führer blindlings gehorchten und vor keinem Wagniß zurückschreckten, und daß mithin ebenso rasch als energisch vorgegangen werden müsse, wenn man sich nicht überrumpeln lassen wollte.

So landete Sulla im Jahre 83 im Hafen von Brundisium. Seine Soldaten, denen er für den Fall des Sieges die glänzendsten

Belohnungen in Aussicht stellte, überließen ihm ihre ganze Beute zur vorläufigen Kriegführung. Immerhin fühlte er sich noch nicht stark genug, daher erließ er einen Aufruf an die ganze Bevölkerung Italiens, in dem er jedem Ueberläufer Straflosigkeit sicherte. Der Senat erklärte nun zwar das Vaterland in Gefahr und ernannte die Consuln zu Diktatoren; allein bei der Nullität dieser Leute war damit wenig auszurichten, und die allgemeinste Confusion griff um sich. Sulla konnte ganz Messapien und Apulien ohne Schwertstreich besetzen und erhielt immer mehr Zulauf, namentlich strömten ihm die in tausend Schlupfwinkeln versteckt gewesenen Aristokraten nebst ihren Kumpanen zu.

In der Nähe von Capua fand der erste Zusammenstoß statt, den Sulla siegreich bestand. Bald darauf gelang es ihm, einen anderen Truppentheil zum Uebertritt zu bewegen. Viele Gemeinden schlossen mit dem Sieger Separatverträge, und der Senat gerieth täglich mehr in die Enge, zumal auch die öffentlichen Mittel derart knapp wurden, daß sogar die Tempelschätze eingeschmolzen werden mußten. So war das Jahr 82 angebrochen. Neue Armeen rückten ins Feld, allein auch diese erlitten eine Niederlage nach der andern. Das ganze südliche Italien mit Ausnahme jener Distrikte, wo, wie z. B. in Nola, die Samniter sich noch immer behaupteten, hatte Sulla in seine Gewalt gebracht, und Rom hatte stündlich einen Ueberfall zu gewärtigen. Anstatt nun wenigstens die Hauptstadt gehörig zu verschanzen, befaßte sich die dortige Besatzung damit, alle der Sympathie mit Sulla Verdächtigen niederzumachen; hernach zog sie ab, und Sulla erschien in nächster Nähe Rom's. Hier leisteten ihm allerdings die nunmehrigen militärischen Führer, der jüngere Marius (Sohn des Verstorbenen) und Carbo, einigen Widerstand, mußten sich aber bald in befestigte Orte zurückziehen, während Sulla zunächst in Rom einzog und bald darnach die Reste der gegen ihn in Waffen Stehenden allenthalben schlug und zum Theil sogar gänzlich aufrieb oder nach erfochtenem Siege massakriren ließ. Letzteres Schicksal hatten z. B. die Samniter, welche sich so lange tapfer behauptet; Sulla ließ deren 6000 in der Nähe der Hauptstadt abschlachten! —

Einige von Sulla's Widersachern vermochten sich zu flüchten, so Carbo nach Afrika, wo er aber später aufgesucht und hingerichtet wurde. Am längsten hielt sich Sertorius, der nach Spanien ging, dort den förmlichen Herrscher spielte, gegen Rom Jahre lang siegreiche Kriege führte und erst nach langer Zeit von Verräthern aus seiner Umgebung erschlagen wurde. Wer sich weder durch die Flucht gerettet hatte, noch im Kampfe gefallen war, der mußte nun Sulla's Rache empfinden. Er setzte Proskriptionslisten auf, welche Tausende von Personen, darunter viele ehemalige Senatoren und Ritter, dem Tode weihten. Das Vermögen der Proscribirten wurde auf der Stelle eingezogen; und damit Keiner der Geächteten leben bleibe, verbot Sulla bei Todesstrafe, daß einem solchen Unterstand gegeben oder zur Flucht verholfen werde; andererseits setzte er auf jeden Kopf eines Proscribirten eine Belohnung von 12,000 Denaren (10,800 Mark). Man kann sich leicht denken, welche Hetzjagd gegen die also Verfehmten nun stattfand; die Halsabschneiderei ward jetzt bis in die engsten Schlupfwinkel verpflanzt. Außerdem wurden manche Städte Italiens einfach den Soldaten zur beliebigen Mißhandlung überlassen.

Bei dem Verkaufe der eingezogenen Güter kam Schwindel über Schwindel vor, den Sulla persönlich begünstigte, um denjenigen seiner Spießgesellen, die sich bei irgend welchen Gelegenheiten besonders „ausgezeichnet" hatten, solchermaßen Belohnungen angedeihen zu lassen. So ließ er Einem seiner Freigelassenen ein Gut im Werthe von sechs Millionen Sesterzen (1,351,000 Mark) für 2,000 Sesterzen (456 Mark) in die Hände spielen; ein Unterofficier soll bei dem Güterschacher zu zehn Millionen Sesterzen (2,283,000 Mark) gekommen sein, u. s. w. Trotz solcher Verschleuderung wurden indeß immerhin 350 Millionen Sesterzen (81 Millionen Mark) aus dem beschlagnahmten Vermögen gelöst.

Der Schrecken lastete auf dem ganzen Lande und jedes freie Wort blieb in der Kehle stecken. Im Allgemeinen wurde den Italikern zwar das römische Bürgerrecht gelassen; aber dafür mußte jede einzelne Gemeinde gleichsam einen Criminalprozeß bestehen. Manche Orte, die zeitig sich unter Sullas Joch begeben hatten, erlangten kleine Privilegien; diejenigen hingegen, welche tapferen Widerstand geleistet, beraubte man ihres ganzen Grund und Bodens; man riß Burgen und Mauern nieder und machte die Bewohner politisch rechtlos. Die solchermaßen von Staatswegen confiscirten Ländereien ließ Sulla austheilen. Ca. 120,000 ehemals Besitzlose wurden auf diese Weise zu Bauern gemacht; sogar mehrere tausend Sclaven, deren Freilassung Sulla veranlaßte, bekamen Land angewiesen. Daraus muß man indeß nicht schließen, daß dieser Tyrann zu solchem Verfahren durch irgend welche Mitgefühle mit den nothleidenden Klassen bewogen wurde; es war einfach eine Nothwendigkeit dafür gegeben. Diese Neubauern waren nämlich lauter Leute, die als Soldaten oder anderweitig den Staatsstreich Sullas ermöglichten; sie mußten daher nicht allein belohnt, sondern auch dauernd an den Staatsstreichler gefesselt werden, damit er von dieser Seite keine Auflehnung und nöthigenfalls neuen Beistand zu erwarten hatte. Zudem hatten die Aristokraten — mit Sullas Erlaubniß — ohnehin von den beschlagnahmten Ländereien so ungeheure Strecken in Besitz genommen, daß sie für noch mehr gar keine Verwendung gehabt hätten. Endlich wurde durch diese Landaustheilung an die Besitzlosen das hauptstädtische Proletariat, das ja schon bei den Kämpfen der letzten Jahre ungemein gelichtet worden war, so stark verringert, daß die Getreidespenden, die der Aristokratie längst ein Dorn im Auge waren, ohne Gefahr aufgehoben werden konnten. Außerdem wußte Sulla zunächst der Bevölkerung durch Veranstaltung großartiger Festlichkeiten Sand in die Augen zu streuen. Es fanden mehrtägige öffentliche Gastereien statt, bei denen solcher Ueberfluß herrschte, daß an jedem Tage die vielen Ueberbleibsel in die Tiber geworfen werden mußten; alte Weine flossen in Strömen.

Während so das ganze Volk in der Hauptstadt im Taumel erhalten wurde, richtete Sulla ein völlig aristokratisches Regiment ein. Er ließ sich von den senatorischen Strohpuppen mit der unbeschränkten Dictatur ausstatten und hob alle Reformen der jüngeren Zeit auf, namentlich schränkte er die tribunicische Gewalt ein. Die Volkstribunen sollten nicht einmal mehr das Recht des Einspruchs haben; und damit talentirte Leute von vornherein nach dem Tribunat nicht lüstern sein sollten, setzte Sulla fest, daß kein Tribun befähigt sei, zu höheren Aemtern aufzusteigen, ja es mußten zwischen zwei tribunicischen Amtsperioden des gleichen Mannes 10 Jahre verfließen. Die höheren Staatswürden, von denen Sulla die Censur abschaffte und dafür der Quästur mehr Köpfe zutheilte, wurden bureaukratisch gegliedert. Mit der Quästur hatten die Würdenträger zu beginnen und konnten nur von Stufe zu Stufe bis zum Consulat aufsteigen Die Priestercollegien wurden nicht mehr durch Volkswahl, sondern durch Selbstergänzung erneuert Die Senatoren vermehrte der Dictator von 300 auf etwa 600 Köpfe — lauter ihm ergebene aristokratische Nullen — während er den Rittern alle Privilegien, die dieselben bei Gelegenheit der Reformbewegung erobert hatten, aberkannte, was freilich nicht schadete.

Man kann sich denken, daß es nicht wenig Aufsehen erregte, als Sulla, dessen Alleinherrschaft schließlich allseitig widerstandslos ertragen wurde, im Jahre 80 sich zum Consul wählen ließ und gleich darauf (im Jahre 79) die Dictatur niederlegte. Tyrannenschmeichlerische Geschichtschreiber wissen diese That nicht genug zu loben; in Wirklichkeit war sie nur das Produkt einer Art von Größenwahnsinn. Sulla hat sich zudem gänzlich der Wollust und dem Trunke ergeben und starb schon ein Jahr später an einer ekelhaften Krankheit — —

XV.

Die Wurzel des socialen Uebels.

Als Sulla gestorben war, kamen natürlich die alten Kämpfe der Parteien wieder zum Ausbruch; sie waren ja durch den Säbelhelden nur mit eiserner Faust niedergehalten worden, während die ergriffenen Maßregeln zwar einzelnen Reichen das Vermögen benahmen, und etlichen Armen Theile davon zuführten, im Allgemeinen aber am Stande der Dinge nichts änderten. Es hätte nicht viel gefehlt, so wäre der sociale Krieg schon bei Gelegenheit der Leichenfeier Sulla's ausgebrochen. Die Demokraten, die freilich nachgerade in sehr trübem Wasser schwammen und immer mehr zu jenem traurigen Material herabsanken, mit welchem die Staatsabenteurer gegen Gewährung von Getreidespenden und Festlichkeiten nach Belieben schalten und walten konnten — diese Volksmenge forderte in erster Linie durch den auf ihrer Seite stehenden Consul Lepidus die aufgehobenen Kornspenden zurück, ebenso die Einsetzung der Volkstribunen in die alten Rechte und Rückberufung der Verbannten, während es Lepidus selbst hauptsächlich auf die Wiederherausgabe der confiscirten Güter abgesehen hatte. Die Vertriebenen standen theils in Spanien gegen Rom unter Waffen, theils erschienen sie nun wieder in ihrer Heimath; da und dort wurden Verschwörungen angezettelt, und ein heilloser Wirrwarr war an der Tagesordnung. Der Senat mußte die Kornspenden bewilligen, vermochte aber damit noch keine Beschwichtigung der Bevölkerung zu erzielen In einzelnen Gegenden erschienen Verbannte, nahmen ihre Güter weg und erschlugen die darauf angesiedelten Veteranen. In der Hauptstadt selbst kam es zu blutigen Aufständen, aus denen jedoch der Senat siegreich hervor ging. Die obligaten Aechtungen und Hinrichtungen folgten! Hierauf begann sofort ein Intriguenspiel zwischen verschiedenen Ehrgeizigen, von denen jeder Einzelne darnach trachtete, die Uebrigen zu überlisten und, ähnlich wie Sulla, die Diktatur zu erringen, doch davon wird in einem anderen Kapitel im Zusammenhang berichtet werden. Zunächst dürfte es am Platze sein, wenn die Eigenthums- und Sitten-Verhältnisse der in Frage stehenden Zeitepoche geschildert werden.

Man kann wohl sagen, daß die römischen Kapitalisten nachgerade die Schwämme bildeten, die den größten Theil aller Arbeitserträgnisse von weit und breit aufsaugten. In ihren Händen vereinigte sich die Bodenrente fast ganz Italiens und der besten Distrikte aller Provinzen, die Wucherzinsen von allem Geldkapitale, der Handelsgewinn aus dem ganzen Reiche und sogar — durch die Steuerpachtung — ein bedeutender Theil der Staatseinkünfte. Besonders verächtlich war beim Volke nicht mit Unrecht die Steuerpächterklasse; man pflegte zu sagen, Zöllner sei gleichbedeutend mit Räuber.

Mit welcher Frechheit die Provinzialbeamten hausten, und wie sehr sie ihre Genußsucht zur Schau trugen, das mag nachstehende Geschichte — ein Beispiel von vielen — erklären. Vom Jahre 74 ab war Verres drei Jahre lang Statthalter von Sicilien. Während dieser Zeit trieb er einen Schacher mit der Rechtspflege, ja er ließ oft genug gegen einzelne Gutsbesitzer falsche Anklagen erheben, nur um sich des Vermögens derselben zu bemächtigen, ein Verfahren, das u. A. auch die Folge hatte, daß viele Güter ganz unbebaut gelassen wurden. Kunstschätze stahl Verres, wo es solche gab, bei Privaten, in öffentlichen Gebäuden oder in Tempeln; und Cicero sagte, der Bösewicht habe nicht ein einziges Stück von wirklichem Kunstwerthe auf der Insel unangetastet gelassen. Landete ein mit werthvollen Gegenständen beladenes Schiff an der Küste von Sicilien, so eignete er sich die Fracht an und ließ die Bemannung unter dem Vorwande, es seien Seeräuber oder Aufrührer, in die Steinbrüche werfen; manchmal führten die ihm ergebenen Richter sogar noch Gerichtskomödien auf, verurtheilten die Unglücklicher unter irgend einem Vorwande und ließen sie auspeitschen und hinrichten. Gegen wirkliche Seeräuber ließ er im Auftrage des Senats Schiffe in die See stechen, unterschlug aber die zu deren Ausrüstung festgesetzten Summen und gab elende Fahrzeuge den Wellen preis.

Die Ausschweifungen dieses Ungeheuers gingen ins Fabelhafte, seine Selbstvergötterung war unerhört. Jedes Frühjahr bereiste er die Insel in einer Sänfte, die von 8 Sklaven getragen wurde; er lag darin auf schwellenden Kissen und hatte stets einen Kranz aus frischen Rosen auf dem Kopfe. 2c. 2c.

Was man damals unter Reichthum verstand, kann man daraus ersehen, daß z. B. Cicero mit einem Vermögen, das nach unserem Gelde mehr als 3 Millionen Mark betrug, nur für mäßig begütert erachtet wurde. Ein Schuldner des Pompejus, der König von Kapadocien, hatte demselben allein 15 Millionen Mark zu verzinsen. Von Crassus sagte Plinius, daß seine liegenden Gründe allein einen Werth von ca. 32 Millionen Mark hatten.

Solchem Reichthum entsprach die Lebensweise und Entfaltung von Pracht. Obenan stand der Häuser- und Garten-Luxus. Während etwa 25 Jahre früher ein gewöhnliches Wohnhaus allenfalls 13,000 Mark (der Einfachheit wegen lasse ich die Summe in römischem Münzfuße fort) kostete, gab es jetzt einzelne Paläste von Reichen, die ein bis zwei Millionen Mark werth waren. Die städtischen Grundstücke stiegen natürlich auch sehr rasch im Preise. So besaß Cornelia (die Mutter der Gracchen) eine Villa, die 16,1(0 Mark gekostet hatte; etwa im Jahre 74 bezahlte dafür Lukullus den dreiunddreißigfachen Preis! Der Golf von Neapel war mit Bädern und Lusthäusern ganz besäet und bildete so ein Eldorado für reiche Müßiggänger, die, wenn sie gegen jeden Sinnesgenuß schon abgestumpft waren, bei Hazardspielen riesige Summen vergeudeten

Während die ärmeren Leute — namentlich in Rom und anderen Städten — in elenden finsteren Ziegelhäusern wohnten, und während die kleineren Hausbesitzer den Wucherern in die Hände fielen und nach und nach sich zu Bettlern gemacht sahen, wurden die Landgüter, resp. Lusthäuser, deren man mehrere besitzen mußte, um für vornehm zu gelten, immer prachtvoller ausgestattet. Da gab es in ausgedehnten Anlagen Wasserleitungen mit großen Reservoirs, die mit Süß- und Salzwasser gespeist wurden, um zur Fluß- und Seefischzucht tauglich zu sein. Obgleich man in den überseeischen Provinzen große Jagdparks einrichtete, wurden bei den Landgütern beträchtliche eingehegte Wildschonungen angelegt, um beständig Hirsche, Reh-, Wildschweine 2c. in genügender Menge zur Hand zu haben. Da gab es Fasanerien und ungeheure Vogelhäuser für Luxus- und Küchengeflügel. Manches Landgut mit den dazu gehörigen Anlagen bedeckte den Flächenraum einer Stadt! „Was Natur und Kunst darbieten,“ sagt Becker, „um die Sinne zu ergötzen, wurde hier vereint .... Es gab eine große Zahl von Gemächern für jede Jahres- und Tageszeit, Gymnasien, Bäder, bedeckte Gänge, Rennbahnen, Gebäude für seltenes Geflügel, Wild 2c, Alles auf das Kostbarste ausgestattet und über so weite Räume ausgebreitet, daß ein Schriftsteller jener Zeit diese Anlagen mit Städten vergleicht.“

War auch an werthvollen Gemälden, Statuen und anderen Kunstwerken ein großer Ueberfluß sichtbar, so zeigte doch im Allgemeinen die Einrichtung der Landgüter, daß das Villenleben vorzüglich die sinnliche Schwelgerei zum Zweck hatte. Goldene und silberne Geschirre, durchgängig kunstvoll gearbeitet, standen überall umher; es gab silberne Schüsseln, die über hundert Pfund wogen. Man servirte in den verschiedensten Räumlichkeiten, um den Gästen möglichst viel Abwechselung zu bieten. An schönen Tagen fiel es vielleicht auch dem Gastgeber ein, eine Estrade im Wildgehege errichten zu lassen, wo dann ein Sclave als Orpheus auftreten und musiciren mußte, während sich abgerichtete Wildschweine, Hirsche 2c. herbeidrängten, als wollten sie die melodischen Klänge belauschen. Andere Zierrathen und Reizmittel bei der Tafel bildeten die reichen Teppiche und köstlichen Möbel nicht minder, als die Kapelle, das Ballet u. s. w. Aber für den Gaumen selbst war erst recht gesorgt. Die Köche (Sclaven von besonderer Küchengeschicklichkeit) kosteten oft 20—22,000 Mark Uebrigens beschäftigten sich die reichen Prasser selbst sehr angelegentlich mit der Kochkunst, ja, es gab eine Art von Professoren, die Unterricht darin ertheilten.

Es galt als ein elendes Gericht, wenn die Geflügel ganz und nicht nur die auserlesensten Stücke aufgetragen wurden; ebenso war es höchst ordinär, wenn man den Gästen zumuthete, von den einzelnen Speisen wirklich zu essen, statt nur eine Kleinigkeit zu kosten, so vielerlei mußte aufgetragen werden. Dabei mußten besonders fremde und nicht italienische Produkte aufgetischt werden. „Will man köstlich essen", sagte ein römischer Feinschmecker, „so muß der Pfau aus Samos kommen, Hühner aus Phrygien, Kraniche aus Melos, Böckchen aus Aetolien, Thunfisch aus Chalcedon, Murenen aus Tartessus, Hechte aus Pessinus, Austern aus Tarent, Muscheln von Chios, Seefische aus Rhodus und Kilikien, Nüsse aus Thasus, Datteln aus Aegypten, Eicheln aus Spanien 2c." Hatte man sich endlich vollgefressen (hier muß man sich wohl so ausdrücken, da eine derartige Schlemmerei mit dem menschlichen Essen nichts gemein haben kann), so ging man hinaus, nahm ein Brechmittel ein, entledigte sich und — setzte sich neuerdings an die Tafel!! — — Bei Lukullus, der sich für alle Zeiten den Ruf des raffinirtesten Fressers erwarb, führten sich einmal unverhofft Cicero und Pompejus ein, um bei ihm zu speisen, ohne daß er weitere Vorbereitungen zu treffen vermochte. Allein die Diener verstanden schon durch die Bezeichnung des Zimmers, in welchem gespeist werden sollte, was sie zu thun hatten. Die Mahlzeit, welche nun auf den Tisch kam, soll nicht weniger als 30,000 Mark gekostet haben! —

Wie man es mit dem Essen trieb, so hielt man es auch mit der Kleidung. Seide und durchsichtige Stoffe kamen immer mehr in Mode; die Schmuckgegenstände wurden ganz überladen angebracht, und Salben und sonstige Parfümerien wurden im übertriebensten Maßstabe angewandt. Die jungen Leute aus vornehmen Häusern spielten die Stutzer und standen an Geckenhaftigkeit unseren Söhnen der Bourgeoisie nicht nach.

Ganz dementsprechend war die Sittlichkeit beschaffen, im Hause wie im Staate. Es gab nicht allein zahllose Bordellhäuser, sondern es war für Geld selbst die „nobelste" Frau zu haben; Schauspielerinnen und Balleteusen „erwarben" solchermaßen erkleckliche Summen. Gewisse Bälle fanden selbst im Hause des Oberpontifex (das war der altrömische Papst) statt und erregten nicht im Mindesten ein Aergerniß. In der Badesaison herrschte die reinste Weibergemeinschaft. Andererseits fanden es die Weiber lästig, Kinder zu gebären und wandten dementsprechende Mittel an. Wäre Italien jetzt nicht mehr und mehr der Tummelplatz für die verschiedensten Völkerschaften geworden, es würde bald entvölkert worden sein.

Hatte ein Reicher sein Vermögen durchgebracht, so verlegte er sich auf's Speculiren und Schuldenmachen; daher war jedes politische Ereigniß von größerer Tragweite gewöhnlich von einer Geldkrise, einem „Krach" begleitet. Im Uebrigen galt das Geldmachen um jeden Preis für so selbstverständlich, daß man Denjenigen, der eine Bestechung zurückwies, geradezu für seinen persönlichen Feind, wenn nicht gar für verrückt ansah. Man schwor falsche Eide, um eine Schuld zu verläugnen, ebenso scrupellos, als man seine Stimme öffentlich verkaufte. Für den Stimmenkauf bei Wahlen gab es eigene Agenten, und die Candidaten gingen selbst von Haus zu Haus, um die Bürger einzeln für sich zu gewinnen. Plutarch berichtet, daß auf offenem Markte die Tische aufgestellt waren, an denen die Bürger ihre Stimmen verkauften.

Wie schon öfter erwähnt wurde, mußten besonders die Volksfeste die Bevölkerung anlocken und den Festgebern günstig stimmen. Wie großartig dieselben nachgerade wurden, kann man sich ungefähr denken, wenn man vernimmt, daß z. B. ein Stiefsohn Sulla's, Scaurus, als Aedil ein Theater errichtete, das 80,000 Zuschauer fassen konnte und mit 3,000 Bildsäulen geschmückt war, obgleich es nur einen Monat lang in Gebrauch kam. Dabei war es nicht etwa auf edlere Kunstgenüsse abgesehen, sondern auf höchst rohe und scheußliche Schauspiele. Wilde Thiere ließ man da gegen einander oder gegen Sclaven los und ergötzte sich, wenn sich Menschen und Thiere zerfleischten. Mehr und mehr kamen die Gladiatorenkämpfe in Aufschwung. Hierzu suchte man die stärksten Sclaven aus, richtete sie in eigenen Schulen als Fechter ab und kommandirte oft mehrere Hundert auf einmal in die Arena, wo sie einander niederzumetzeln hatten! Das eigentliche Theater war übrigens auch mehr und mehr zum Tempel der Gemeinheit geworden. War es selbst in der besseren Zeit nur eine schwache Nachahmung der griechischen Bühne, so war es jetzt nur noch eine Possenreißerinstitution. Lustspiele schlüpferigen Inhalts waren nebst dem Ballet am beliebtesten. Bei letzterem kam es nicht selten vor, daß die Tänzerinnen am Schluß die Kleider abwarfen und im bloßen Hemde tanzten! —

Vom Stimmenverkauf und von den Volksfesten allein konnten jedoch die Proletarier nicht leben, Arbeit gab es auch nicht für sie, und wenn wirklich Tagelöhner angenommen wurden, so erhielten dieselben nur ganz geringe Löhne (gewöhnlich nur etwa 50 Pfennige pro Tag), daher mußten sie wohl oder übel sonst versorgt werden. Dies geschah vermittelst der Kornspenden, welche nun immer reichlicher gegeben wurden, um nur den hungrigen Volksmagen nicht zur Rebellion zu treiben.

Die nachstehenden Zahlen dürften am besten beweisen, bis zu welchem Grade die Vermögens-Ungleichheit zuletzt in der römischen „Republik" gediehen war. Es gab im Jahre 70 in ganz Italien etwa 6—7 Millionen Freie, von denen 910,000 waffenfähige Bürger waren; eigentlicher Reichthum herrschte hingegen nur bei ungefähr 2,000 Familien; Sclaven aber gab es 14 Millionen! — Daß eine solche Menge von Knechten nicht im Stande war, die herrschenden Klassen zu stürzen, begreift sich nur dann, wenn man sich vergegenwärtigt, daß dem auf die verschiedenste Weise vorgebeugt wurde. List und Gewalt, Versprechungen und Drohungen wirkten hier Wunder in der Verknechtung. Mehr als Alles fesselten indeß den Sclaven jene Ketten, die von seinen eigenen Genossen geschmiedet wurden. In der Erwartung der Freilassung spielte der Wirthschafter den Polizisten gegen seine Mitsclaven, geradeso, wie etwa heutzutage viele Werkmeister in den Fabriken ihre Mitarbeiter aussaugen und tyrannisiren helfen, um in der Gunst der Fabrikanten sich zu erhalten. Auch die Luxussclaven, das damalige Bedientenvolk, gaben sich gerne zu Liebedienereien und Spionirdiensten her. Einen gesetzlichen Weg zur Befreiung vom Joche gab es für die Sclaven nicht, und Verschwörungen mußten bei den vorbemerkten Verhältnissen meist bald dem Verrathe erliegen. Kam aber trotz alledem und alledem da und dort ein Aufstand vor, so wissen wir ja bereits, wie und wodurch die betreffenden Erhebungen scheiterten. Im folgenden Kapitel werden wir zum Ueberfluß noch ein neues Moment kennen lernen, welches die Befreiung der Sclaven verhinderte. Immerhin würden diese Dinge die Lage nicht so hoffnungslos gemacht haben, wenn nicht die „freien" Proletarier eine völlig indifferente, ja oft genug geradezu feindliche Stellung gegenüber der Sclavenemancipation angenommen hätten.

Schließlich mag hier noch ein Ausspruch Mommsens über die socialen Zustände Roms eine Stelle finden. „Es ist ein grauenvolles Bild“, heißt es da, „aber kein eigenthümliches. Ueberall wo das Kapitalistenregiment in Sclavenstaaten sich vollständig entwickelte, hat es Gottes schöne Welt in gleicher Weise verwüstet. Wie die Ströme in verschiedenen Farben spielen, die Kloake aber überall sich gleichsieht, so gleicht auch das Italien der ciceronischen Epoche wesentlich dem Hellas des Polybios (100 Jahre früher) und bestimmter noch dem Karthago der hannibalischen Zeit, wo in ganz ähnlicher Weise das allmächtige regierende Kapital den Mittelstand zu Grunde gerichtet, den Handel und die Gutswirthschaft zur höchsten Blüthe gesteigert und schließlich eine gleißend übertünchte sittliche und politische Verwahrlosung und Verwesung der Nation herbeigeführt hatte.“ Dem muß nur hinzugefügt werden, daß man die modernen Kapitalstaaten den genannten kapitalistischen Sclavenstaaten an die Seite stellen kann, da sie von den gleichen Schäden behaftet sind. Was daran einzig und allein tröstlich ist, das sind die Bestrebungen der Arbeiter, welche den Untergang dieser Gemeinwesen unmöglich machen und vielmehr deren Umgestaltung im Sinne der Freiheit und Gerechtigkeit ganz sicher erwarten lassen Denn dieses Streben unterscheidet sich wesentlich von den Bestrebungen der „freien“ und unfreien Arbeiter des Alterthums. Erstlich existirt dieser Gegensatz hier nicht, sondern es steht das ganze arbeitende Volk mit gleichen Interessen den ausbeutenden Klassen gegenüber, welcher Umstand die diesbezüglichen Bestrebungen früher oder später nicht nur einheitlich und allgewaltig, sondern auch erfolgreich machen muß; zweitens stehen die arbeitenden Klassen der Neuzeit auf einer weit höheren Bildungsstufe, als die Proletarier und Sclaven Roms im Großen und Ganzen; drittens kommt den Ersteren eine technologische Entwickelung zu Gute, wie sie früher nie vorgekommen ist; und viertens kämpfen sie für ein ganz neues Princip, welches einst fehlte. Wenn demungeachtet auch bei uns der Cäsarismus möglich ist, so darf man in demselben doch nicht den Todtengräber der modernen Gesellschaft als solcher erblicken; denn er ist nur der Todtengräber des kapitalistischen Systems, das sich an ihn, wie der Ertrinkende an den Strohhalm, anklammert, aber ihn mit sich in die Tiefe ziehen muß. Hat einmal die socialistische Idee die Herzen des arbeitenden Volkes vollends ergriffen — und es ist schon jetzt förmlich selbstverständlich, daß dies nicht ausbleiben kann —, so muß der Kapitalismus sammt seinem letzten Protektor, dem Cäsarismus, vom Schauplatze verschwinden.

XVI.

Der Fechterkrieg.

Den letzten großen Sclavenaufstand, welcher sich im römischen Staate abspielte, nannte man den Fechterkrieg, weil die hauptsächlichsten Anführer desselben Gladiatoren waren, und weil der Beginn dieser Bewegung durch eine Anzahl entsprungener Fechtknechte bewerkstelligt wurde. Die Gelegenheit zum Losschlagen war für die Sclaven niemals günstiger, als gerade zu jener Zeit. In Spanien stand noch immer Sertorius an der Spitze eines beträchtlichen Heeres und schlug eine römische Armee nach der anderen; in Makedonien erhoben sich die unterjochten Volksstämme; in Kleinasien warf der kaum besiegte König Mythradates abermals sein Schwert in die Wagschale; und die Seeräuber machten den Römern weit und breit zu schaffen. Obendrein zeigte sich der römische Landsturm oft sehr feig und unzuverlässig. Dies Alles und die Gesetz- und Sittenlosigkeit, die Partei- und Cliquen-Kämpfe innerhalb der römischen Bürgerschaft 2c. hätten einen wohlgeplanten, gut organisirten Sclavenkrieg unbedingt siegreich machen müssen; aber die Sclaven waren von der allgemeinen Weltfäulniß auch schon so sehr ergriffen, daß die Mehrheit sich gar nicht am Kampfe betheiligte, und daß auch die Aufständischen förmlich kopflos handelten, während sie zum Ueberfluß zuletzt gar noch nationale Geistesstörungen erlitten. Die lange Dauer dieser Erhebung, verschiedene glänzende Thaten der Tapferkeit und die weite Ausdehnung ihres Schauplatzes machen sie immerhin zu einer beachtenswerthen Erscheinung, weshalb ich sie nicht übergehen zu dürfen glaube. Ihr Hergang ist folgender:

In der Nähe von Capua befanden sich verschiedene Institute, wo für die Fechterspiele Sclaven abgerichtet wurden; deren Loos war natürlich ein sehr hartes, da sie nicht nur beständig den Tod in der Arena vor Augen haben mußten, sondern auch bei der Abrichtung fürchterliche Mißhandlungen zu erdulden hatten Aus einer derartigen Fechterschule vermochte nun im Jahre 73 eine Anzahl solcher Gladiatoren auszubrechen und die Flucht zu ergreifen. Unterwegs fiel denselben ein Transport von Waffen in die Hände, was ihnen umso mehr zu Statten kam, als ihnen binnen Kurzem zahlreiche Verfolger nachsetzten. An ein Entrinnen war nicht zu denken, daher warfen sich die Sclaven auf den Vesuv, um sich dort zu verschanzen und das Weitere abzuwarten. Die geistige und körperliche Ueberlegenheit machte sogleich drei Männer zu Führern der nur 74 Köpfe zählenden Schaar. Es waren dies zwei Kelten, die als Sclaven Krixos und Oenanaos hießen, und der Thraker Spartakus; Letzterer war jedenfalls der Bedeutendste.

Den Verfolgungen wußte sich diese Schaar durch geschickte Ausweichungen zunächst zu entziehen; allein der Hunger trieb sie zu Brandschatzungen der Umgegend ihres Aufenthalts und forderte so neue Feinde heraus, während andererseits bei solchen Gelegenheiten mehr und mehr entlaufene Sclaven sich ihnen anschlossen. Dieser letztere Umstand ermöglichte es, daß den Nachstellungen der Gutsbesitzer leicht getrotzt werden konnte; als diese jedoch von Rom Hülfe erbaten und erlangten, nahm die Sache einen höchst ernsthaften Charakter an. Es erschienen 3000 römische Soldaten und besetzten die Zugänge des Vesuo, um die darauf verschanzten Sclaven auszuhungern. Die Sclaven kamen aber plötzlich die steilen Abhänge herabgeklettert und fielen über das römische Lager her, wo die Kühnheit derselben, trotz ihrer kleinen Zahl, solchen Schrecken verbreitete, daß die ganze Miliz davonlief, viele Waffen hinterlassend. Bekanntlich macht nun aber bei Kriegen und Revolutionen der erste Erfolg einen durchschlagenden Eindruck; so war es auch hier. Von allen Seiten kamen jetzt entsprungene Sclaven bei den Aufständischen an; und wenn sich auch Mancher noch immer eines Spitzpfahls als Waffe bedienen mußte, so hatten doch die besten Krieger bereits brauchbarere Wehrgegenstände sich erobert; es kann mithin nicht Verwunderung erregen, daß der Prätor Varinius, als er im Sturmschritt mit zwei neuen Legionen von Rom nach Campanien gekommen war, hierselbst die Sclaven in ziemlich kriegerischer Ordnung in der Ebene lagernd antraf. Die römischen Landwehrmänner waren genöthigt, ein Bivouak zu beziehen, und wurden dieserhalb vielfach von Krankheiten ergriffen; außerdem zeigten sie sich bei den stattfindenden Scharmützeln ebenso feig, wie ihre Vorgänger; und ihre Reihen wurden auf solche Weise immer schwächer. Kaum auf dem Schauplatze eingetroffen, lief eine Abtheilung schon gelegentlich des ersten Zusammenstoßes mit den Sclaven auseinander und nach Hause. Endlich gelang es dem Feldherrn, einige Disciplin den Milizen beizubringen, dagegen zeigten nun die Sclaven keine Lust zum Schlagen. Unter den Augen der römischen Kriegsmacht zogen sie in größter Ordnung südwärts ins innere Lukanien, wo es viele Hirten gab, wo also auf den Zuzug von abgehärteten Männern zu rechnen war. In diesen Gegenden kam es auch zu einer Schlacht, bei welcher die Sclaven den Sieg davon trugen. Sogar das Pferd des römischen Anführers, wie auch seine Feldzeichen, kamen in die Hände der Aufständischen und wurden von Spartakus in Gebrauch genommen.

Der Ruf von solchen Thaten durcheilte nunmehr die Gegend rings umher; Spartakus galt den Hirten als ein unverhofft erschienener Erlöser, und massenhaft schlossen sie sich ihm an, so daß das Sclavenheer binnen Kurzem 40,000 Mann zählte.

Spartakus hatte indeß noch immer nicht die Absicht, den römischen Staat umzugestalten, vermuthlich, weil er sich nicht verhehlte, daß eine solche Revolution großartige Kämpfe kosten würde, und weil er den Sclaven im Allgemeinen nicht die nöthige Energie und Begeisterung zu solchem Werke zutraute, hatte er doch Gelegenheit genug gehabt, zu beobachten, daß eigentlich nur diejenigen Sclaven von revolutionärem Geiste beseelt waren, die ein kaum erlittenes Mißgeschick im Kriege vom Schlachtfelde auf den Sclavenmarkt geworfen hatte, während Diejenigen, die das Joch der Knechtschaft schon seit Jahren trugen, oder die gar darin geboren worden waren, in stumpfsinniger Verzweiflung dahin lebten und keinen Versuch der Auflehnung wagten. Angesichts solcher Sachlage war der Sclavenführer entschlossen, sich mit der obgedachten Schaar bis über die Alpen durchzuschlagen, um so den entsprungenen Sclaven, die meist aus Gallien oder Thrakien stammten, Gelegenheit zu geben, in ihre Heimath zu eilen. Aber mit diesem Plane war die Mehrheit ganz und gar nicht einverstanden; sie wollte in Italien bleiben und hier eine neue Heimstätte gründen. Die erfochtenen Siege erfüllten die Leute mit großer Zuversicht; und in der That lag es, wie wir sehen werden, weniger an dem Abnehmen des kriegerischen Geistes der Sklaven, als an anderweiten Umständen, wenn sie schließlich unterlagen.

Spartakus fügte sich dem Willen der Mehrheit. An der Spitze des Sclavenheeres zog er wieder zurück nach Campanien, wo die römische Militärmacht kurzer Hand gesprengt und aufgerieben wurde. Im ganzen Süden und Südwesten wurde das offene Land von den Sclaven besetzt; bedeutende Städte wurden erstürmt und gezüchtigt, so daß gar viele

Ordnungsbanditen Gut und Leben einbüßten. Auf beiden Seiten ward jetzt nicht allein mit immer größerer Erbitterung gekämpft, sondern auch gegen die Gefangenen gewüthet. Die Sclavenhalter schlugen jeden aufständischen Sclaven, der in ihre Hände fiel, ans Kreuz und forderten durch solche Barbarei den glühendsten Haß ihrer Feinde heraus, so daß sie es sich nur selbst zuzuschreiben hatten, wenn nun die Sclaven auch mit den Gefangenen aus römischem Lager rücksichtslos umsprangen. Es mag grausam erscheinen, aber es war nichtsdestoweniger gerecht, daß die Sclaven mitunter gefangene Sclavenhalter zu Fechterspielen zwangen Diese herzlosen Cannaillen brachten auf diese Weise wenigstens in Erfahrung, wie es jenen armen Opfern zu Muthe war, die sie hundertmal im Cirkus mit „Vergnügen" sich zerfleischen sahen. Wo sich eine Klasse Jahrhunderte lang nicht scheute, im arbeitenden Menschen nur ein Ding zu erblicken, das man nicht nur ausnützen, sondern auch zum Sinneskitzel beliebig anwenden kann, da mußte deren gelegentliche Bestrafung ganz exemplarisch ausfallen. Dies bringt schon die einfachste Logik mit sich.

Als in Rom die Erfolge der Sclaven bekannt wurden, bekam man eine heillose Angst — gerade wie die Diebe in Schrecken versetzt werden, wen sie hören, daß eine Streife im Anzuge sei und bereits verschiedene Gauner beim Kragen genommen habe. Es wurde beschlossen, beide Consuln für das Jahr 72, das nun angebrochen war, gegen die Rebellen aufzubieten. Damit wäre jedoch nicht viel gedient gewesen, wenn nicht gleichzeitig unter den Sclaven ein Zwiespalt ausgebrochen wäre, hervorgerufen durch anscheinende Zuzügl r, die in Wirklichkeit im Solde der Römer standen und gegen Belohnung ihre Brüder auf diese Weise ans Messer lieferten. Den Zankapsel bildete die Nationalitätenfrage; diejenigen, welche sich durch obgedachte Störenfriede bewegen ließen, denselben in Betracht zu ziehen, verfolgten dabei ehrgeizige Zwecke. Was früher auf Sicilien wiederholt geschah, das unterblieb hier; es wollte sich kein Anführer dem andern unterordnen. Die Kelten wollten von dem Thrakier Spartakus nichts mehr wissen und kämpften unter der Leitung ihres Landsmannes Krixos auf eigene Faust. Dieser Eigensinn trug bald traurige Früchte. Die Römer fielen mit ihrer ganzen Macht über den abgelösten Heerhaufen her, um denselben zu vernichten, ehe er Gelegenheit nehmen konnte, den Fehler einzusehen und wieder gut zu machen. Diese Absicht gelang vollständig; ein schreckliches Blutbad machte den meisten Kelten den Garaus, während die Uebrigbleibenden gemartert und gekreuzigt wurden. Mit dem Hauptheere der Sclaven, das noch immer von dem genialen Spartakus geleitet ward, hatten die Römer kein so leichtes Spiel. Im Gegentheil durchzog der kühne Sclavenheld mit seinen Schaaren ganz Italien und schlug bald im Norden, bald im Süden die feindlichen Heerführer, so daß man glaubte, die erstere Zeit des hannibalischen Krieges sei wieder gekommen. Die schlecht bewaffneten Sclaven hieben ganze Legionen in die Pfanne; und man fing an, selbst für die Hauptstadt zu zittern.

Da gelang es den römischen Agenten in Sklavengestalt, auch die Kraft dieser Revolutionsarmee durch das Anstiften von Streitigkeiten zu zersplittern. Immerhin behielt Spartakus zwar das meiste Ansehen bei Allen, aber trotz alledem fielen einzelne Abtheilungen von

Zeit zu Zeit ab und — wurden aufgerieben. Dazu kam noch, daß die Sclaven, je glänzender ihre Siege waren, desto weniger daran dachten, eine dauernde Einrichtung anzubahnen. Spartakus suchte fortwährend zum Uebersteigen der Alpen anzuspornen, jedoch immer umsonst; die Sclaven wünschten in Italien zu bleiben und thaten sich in den eroberten Städten gütlich; daß ein solches Provisorium einmal ein Ende nehmen müsse, scheint nicht im Bereiche ihrer Betrachtungen gelegen zu haben. Um nun nicht zwecklos hin- und herzufechten, faßte Spartakus ernstlich den Plan ins Auge, Rom zu überrumpeln. Er traf hiezu umfangreiche und systematische Vorbereitungen und verrieth bei dieser Gelegenheit ein ganz bedeutendes strategisches und Organisations-Talent. Da er viele Hirten im Heere hatte, welche gute Reiter waren, und da auf den Weideplätzen Unteritaliens leicht ganze Pferdeherden aufgegriffen werden konnten, so ließ er sich keine Mühe verdrießen, eine Art Cavallerie zu schaffen und so einem sehr fühlbaren Mangel abzuhelfen. Ferner war er darauf bedacht, die Bewaffnung der Sclaven möglichst zu vervollkommnen. Er suchte diesen Zweck dadurch zu erreichen, daß er einen italienischen Hafen besetzte und von den Seeräubern Eisen und Kupfer einhandelte.

Als Alles gut vorbereitet war, sollte der Sturm auf Rom losgehen, doch davon wollten die Sclaven auch nichts wissen; dieselben scheinen demnach nicht weiter gedacht zu haben, als von heute auf morgen — so sehr hatten sie die Ketten der Sclaverei bereits geistig gelähmt. Diese Unentschlossenheit wußten die Römer auszunützen. Sie stellten dem Prätor Crassus nicht weniger als 8 Legionen Milizen zur Verfügung, damit er sie gegen die Sclaven führe. Anfangs wiederholte sich die bisherige Regel; die einzelnen Abtheilungen der Landwehrmänner, welche mit den Sclaven zusammenstießen, warfen die Waffen weg und liefen davon; doch solcher Feigheit suchte Crassus durch Terrorismus ein Ende zu machen. Er ließ den Milizen die Kriegsartikel verlesen und die ausgerissenen Heerestheile decimiren, also jeden zehnten Mann davon tödten. Diese Strenge that dem Davonlaufen einigen Einhalt, und schon im nächsten Gefecht wurde Spartakus geschlagen, vermochte sich jedoch geordnet zurückzuziehen. Er suchte die südliche Küste zu gewinnen, um von da aus mit Hülfe der damals in den sicilischen Gewässern hausenden Piraten mit einem Trupp Sclaven nach Sicilien überzusetzen und dort eine dritte Sclavenrevolution zu entzünden; denn es war ihm nicht unbekannt, daß die Knechte dieser Insel nur auf derartigen äußeren Anstoß warteten. Aber die Seeräuber nahmen zwar von Spartakus den ausbedungenen Lohn an, ließen ihn aber im Stiche; vielleicht hatte sie römisches Geld dazu bewogen. Crassus war dem Spartakus auf den Fersen gefolgt und überraschte ihn, als er auf der Halbinsel Bruttia vergeblich auf eine Gelegenheit zur Ueberfahrt nach Sicilien wartete. Gleichwohl wagte er es nicht, die Sklaven in offener Feldschlacht anzugreifen. Er ließ vielmehr einen festungartigen, sieben deutsche Meilen langen Wall bauen, um den Verfolgten den Rückweg abzuschneiden. In einer dunklen Winternacht überstieg Spartakus den Wall, durchbrach die feindlichen Linien und erschien im Frühjahre 71 wieder in Lukanien. Crassus, an der Lösung seiner Aufgabe verzweifelnd, forderte vom Senat, daß er die in Macedonien unter Lukullus und die in Spanien unter Pompejus stehenden Truppen zu seiner Unterstützung nach Italien rufe; allein er hatte es nicht nöthig, das Eintreffen dieser Verstärkungen abzuwarten, indem im Sclavenheere neuer Zwiespalt ausbrach und den Sieg erleichterte.

Wieder spukte der National-Wahnsinn in den Käpfen der unglückseligen Menschen. Die Germanen und Kelten sagten dem Spartakus den Geharsam auf, weil er aus Thrakien war, und bildeten einen eigenen Heerhaufen, der zu Hauptleuten den Gannikus und Castus hatte. Was diese Leute für Nationalfanatiker gewesen sein müssen, zeigt folgende Episade. Am lukanischen See waren sie nahe daran, van Crassus vernichtet zu werden, als Spartakus mit dem Hauptheere erschien und sie rettete. Anstatt nun einzusehen, daß die Zersplitterung ihr Tod sei, bezogen sie abermals ein separates Lager! Jetzt beschäftigte Crassus den Spartakus schleunigst mit Cavallerie, und während derselbe seine Dispasitionen zur Vertheidigung traf, umzingelte er das Keltenlager und machte alle darin befindlichen Sclaven nieder. Römische Geschichtschreiber behaupten, daß es gegen 13,000 Mann gewesen seien, gleichzeitig setzen sie hinzu, daß Alle löwenmuthig gekämpft hatten und daß sie die Wunden vorn trugen. Daraus ergibt sich, daß von den Römern auch nicht wenige umgekammen sein müssen, doch davan schweigt des Sängers Höflichkeit.

Spartakus sah sich unter den obwaltenden Verhältnissen veranlaßt, abermals zurückzuweichen, und zwar wallte er diesmals nach Calabrien. Ein Theil der Truppen des Crassus verfalgte ihn, wurde aber geschlagen. Geblendet durch diesen Erfolg, weigerten sich die Sclaven, weiter zurückzuweichen, und drangen auf endgültige Entscheidung. Crassus, welcher nun jeden Augenblick die Ankunft des Pompejus zu gewärtigen hatte, wollte noch varher den Kampf beendigen, um nicht mit diesem Feldherrn den Ruhm theilen zu müssen. Aus diesem Grunde war es ihm ganz recht, daß Spartakus sich auf eine offene Schlacht einließ. Dieser bekundete vor Aller Augen seinen Entschluß, zu siegen ader zu sterben, indem er sein treues Schlachtroß niederstieß und zu Fuß in den Kampf zag. Die Sclaven bestanden denselben nicht! — Spartakus schlug sich wie ein Löwe; mehrere römische Hauptleute schickte er mit eigener Hand in den Tod; und als er verwundet bereits in die Knie gesunken war, schleuderte er immer noch Lanzen gegen die anstürmenden Feinde. Endlich brach der Held zusammen; ein gleiches Ende nahmen die besten seiner Kampfgenossen. Mehrere Tausend Sclaven entkamen zwar momentan dem Schwerte der Sieger; allein diese und die nun aus Spanien eingetroffenen Truppen des Pompejus eröffneten eine schreckliche Hetzjagd gegen sie, der Keiner entschlüpfte. Etwa 5,000 Mann wallten — nun es zu spät war — den Rath des Spartakus befolgen und über die Alpen fliehen; aber am Fuße derselben liefen sie sammt und sonders dem Pompejus in die Hände, der sich deshalb später rühmte, er habe die Wurzel der Empörung ausgerattet und nicht Crassus.

Wie scheußlich gegen die Gefangenen gewüthet wurde, kann man sich ungefähr vorstellen, wenn man hört, daß allein längs der Chaussee van Capua nach Rom sechstausend Kreuze standen, wovon jedes einen Sclaven trug!! — — Die „Ordnung" war abermals gerettet, das lebendige Eigenthum zur Ruhe gebracht. Und in der That folgte nun kein größerer Sclavenaufstand mehr. Die Sclaverei Roms fiel zwar später doch, aber mit ihr — und man kann wohl auch sagen durch sie — fiel auch die ganze römische Gesellschaft! —

XVII.
Die Verschwörung des Catilina.

Von allen abenteuerlichen Speculationen auf die Alleinherrschaft im Staate, die nun zu Tage traten, zeichnete sich diejenige, welche nach dem Namen ihres Schöpfers die Catilinarische Verschwörung genannt wurde, am meisten durch Nichtswürdigkeit aus. Verleumderischer Weise werden alle diese heillosen Bestrebungen von manchen, namentlich von monarchischen Geschichtsschreibern à la Mommsen den Demokraten in Rechnung gestellt; allein die einfache Mittheilung der Thatsachen muß lehren, daß die Demokratie damit nichts zu schaffen hattte, wenn auch die Acteure jener Scandale eifrigst bemüht waren, sich mit einer demokratischen Maske zu verhüllen und die Volksmassen für ihre infamen Zwecke zu ködern. Traurig ist es freilich, daß jetzt die Bevölkerung im Allgemeinen noch gedankenloser und politisch zerfahrener handelte, als zur Zeit von Sulla, Marius und Cinna. Was einst Demosthenes von den Athenern sagte, das galt nun von den Römern, nämlich, daß die Leute gar eifrig thäten, so lange sie um die Rednertribüne ständen und die Vorschläge zu Reformen vernähmen, daß sie aber, zu Hause angelangt, das auf dem Markte Gehörte bereits wieder vergessen hätten. Wie hätten unter solchen Umständen die Staatsabenteurer nicht leichtes Spiel haben sollen? Die einzigen Hindernisse waren sie sich selber gegenseitig, weshalb sie beständig mit einander Abkommen trafen, um dieselben so bald wie möglich zu brechen.

Pompejus machte den Anfang. Als Sieger über die spanischen Rebellen und als Mitlenker im letzten Acte des Fechterkrieges konnte er schon etwas riskiren. Crassus, den mehr seine ungeheuren Reichthümer, die er größtentheils durch Bauspeculationen erworben, als seine Kriegsthaten berühmt gemacht hatten, rivalisirte mit dem Ersteren, daher dachte die Bürgerschaft, diese ehrgeizigen Menschen könnten am besten dadurch lahm gelegt und dienstbar gemacht werden, wenn man ihrem Verlangen nach dem Consulate trotz etlicher widerstreitender Formen (P. hatte z. B. noch nicht diejenigen Aemter begleitet, welche nach der Verfassung dem Consulate vorherzugehen hatten) nachgäbe und sie gleichzeitig zu Consuln mache. Dies geschah nun auch (für das Jahr 70) und es zeigte sich wirklich, daß die beiden Nebenbuhler einander die Popularität durch Reformvorschläge streitig zu machen suchten. Während Crassus dem Volke für drei Monat Getreide spendete und es an 10,000 Tischen bewirthete, stellte Pompejus die tribunicische Gewalt wieder her und reorganisirte die Geschworenengerichte in einer volksthümlichen Weise. So hielten sich diese zwei ehrgeizigen Männer gegenseitig die Wagschale, bis sie endlich, vom Volke dazu aufgefordert, eine öffentliche Versöhnungskomödie aufführten.

Nach Ablauf des Consuljahres trat Pompejus ins Privatleben zurück, jedoch nur, um den Uneigennützigen spielen und desto bequemer durch besoldete Creaturen für sich wirken lassen zu können. Seine Blicke waren nach Asien gerichtet, wo große Kriegs-Thaten zu verrichten und damit bedeutende Erfolge auch im Innern zu erzielen waren. Lukullus, der gegen Mythradates kämpfte, vermochte weder diesen zu besiegen, noch war er im Stande, dem gerade gelegentlich dieser Kriege immer bedenklicher um sich greifenden Seeräuberwesen, das bereits zu einer allgemeinen Verth-uerung der Lebensmittel führte, ein Ende zu machen.

Es war vorauszusehen, daß die römische Bevölkerung einen Vorschlag, welcher auf Bezwingung der Seeräuber hinauslief, mit Beifall begrüßen werde; dies wußte Pompejus, und dies gedachte er sich nutzbar zu machen. Einer seiner Anhänger, der Tribun Gabinius beantragte daher im Jahre 67, daß man den Pompejus mit einer bedeutenden Armee gegen die Piraten senden und auf drei Jahre mit unbeschränkten Vollmachten versehen solle. Es war klar, daß auf solche Weise dem Pompejus für lange Zeit eine förmliche Diktatur übertragen werde; allein das Volk tröstete sich mit dem nächstliegenden guten Zwecke des Unternehmens und damit, daß wenigstens der Diktator nicht in Rom sei. Ersterer wurde nun in der That verhältnißmäßig rasch erzielt, indem Pompejus von Sieg zu Sieg eilte; aber damit mußte der Diktator nur umso gefährlicher für die innere Politik werden. Als wollte das Volk sich eine Galgenfrist vor der Alleinherrschaft des Pompejus ertheilen, beließ es diesen nun in Asien, damit er den Lukullus ablöse und den König Mythradates züchtige. Dadurch wurde allerdings der Gefürchtete bis zum Jahre 61 von Italien fern gehalten; aber was damit sonst noch erreicht wurde, werden wir später sehen.

In der Hauptstadt gährte es inzwischen ganz gewaltig. Die verarmten Massen sahen, wie sich die Reichen, nachdem sie etliche Staatsämter erlangt und damit ihren Ehrgeiz befriedigt und sich bereichert hatten, auf die Landgüter zurückgezogen, um dort der raffinirtesten Genußsucht zu fröhnen; daher dachten sie, es könnte nicht schaden, wenn ein zweiter Marius über die verrottete Aristokratie komme; daneben gab es unzählige dunkle Existenzen, heruntergekommene Subjekte, Schuldenmacher u. s. w., die auch über die Reichen schimpften und die Vernichtung aller Schuldscheine forderten. Diese letzteren Leute waren es nun ganz besonders, welche in den demokratischen Clubs das große Wort führten, zu Verschwörungen geneigt waren und die reineren Volksbestrebungen diskreditirten. An der Spitze dieses Elementes stand Catilina, ein verschuldeter Aristokrat; daher wurden die gedachten Clubisten auch Catilinarier genannt, wie man ja bekanntlich selbst heute noch solche Personen, die „ihren Beruf verfehlt" haben und allen Parteien, je nachdem hier oder dort etwas dabei herausschaut, zu dienen trachten, „Catilinarische Existenzen" nennt.

Cicero, der damals neben Cato (ein Urenkel des früher erwähnten Spießbürgers) die Rolle des Moralpredigers spielte, sagt von Catilina: „Eine bewundernswürdige Geschicklichkeit besaß dieser Mann, sich eine Menge Freunde zu machen, ihnen durch Geld, Gunst, Anstrengung, ja durch Verbrechen zu dienen; seine Natur zu wandeln, und sich nach den Umständen zu drehen und zu verändern; mit den Strengen ernst zu sein, mit den Aufgeräumten fröhlich, mit den Alten gesetzt, mit der Jugend gefällig, mit Liederlichen liederlich zu leben." Catilina gründete eine geheime Gesellschaft, die bald mehr als 400 Mitglieder gezählt und auch verschiedene Frauen unter sich gehabt hat. In ganz Italien wurden Filialen von diesem Verein errichtet; und im Dezember 66 gedachte man loszuschlagen. Da die Streichung aller Schulden ein Hauptziel dieser Vereinigung war, so rechnete man auf großen Zulauf! Catilina gedachte aus dem Rummel als Alleinherrscher hervorzugehen und seine Genossen nur so lange und so weit es absolut nothwendig wäre, mit guten Stellen auszustatten. Dieser Plan war mit der größten Schlauheit vorbereitet worden, so daß beim ersten Projekt, das verwirklicht werden sollte, Catilina scheinbar ganz im Hintergrunde stehen blieb und damit seine Spießgesellen mit desto größerem Vertrauen beseelte. Daß unter diesen auch Crassus sich befand, kann bei der Vergangenheit dieses Erzschelms nicht in Erstaunen setzen; eine andere Person aber, die sich gleichfalls hier zeigte, muß deshalb gekennzeichnet werden, weil sie späterhin den Catilina selbst weit übertrumpfte. Dies war Julius Cäsar! Der Mann also, den namentlich in der Neuzeit knechtische Federn als das Ideal aller Gesellschaftsretter bezeichnen und belobhudeln, dieser Mann spielte unter den Catilinariern eine Hauptrolle! Da er als eitler Geck, der stundenlang sich frisiren und parfümiren ließ, in tollen Lüsten das Seinige längst verschleudert hatte, so mochte er sich glücklich schätzen, daß Crassus, sein Verschwörungs-College, reich genug war und sich im Hinblick auf die zu bewerkstelligende Staatsumwälzung dazu herbeiließ, ihm erkleckliche Sümmchen zu borgen. Dabei spielte sich Cäsar auf den Demokraten hinaus; und das Volk scheint ihm auch geglaubt zu haben, denn man liest nirgends, daß ihm heimgeleuchtet worden wäre. Das Volk scheint eben — wie so manchmal — blind gewesen zu sein.

Der Gang der Ereignisse war Folgender: Die beiden für das Jahr 65 gewählten Consuln Pätus und Sulla (ein Nachkomme des berüchtigten Diktators) waren nach erfolgtem Nachweis unerhörter Wahlbestechungen ihrer Amtswürde für verlustig erklärt worden und wurden nun die eifrigsten Anhänger Catilinas. Dieser beschloß den beiden verjagten Consuln die Macht in die Hände zu spielen, weil er sie nicht mit Unrecht für Puppen hielt, die leicht zu lenken waren. Am 1. Januar 65, wo die neugewählten Consuln ihr Amt anzutreten hatten, sollte ein Handstreich ausgeübt werden. Die Verschwörer machten aus, daß an diesem Tage das Regierungsgebäude gestürmt, die neuen Consuln und etliche andere Widersacher Catilina's niedergestoßen, das Annullirungs-Erkenntniß bezüglich der Wahl Sulla's und Pätus aufgehoben und die Proklamation von diesen Beiden inscenirt werden solle. Ferner sollte sogleich dem Crassus die Diktatur, dem Cäsar das Reiterführeramt übertragen werden. Catilina wartete in der Nähe des Rathhauses auf das verabredete Zeichen, das ihm Cäsar nach einem Winke des Crassus geben sollte; allein er wartete vergebens. Crassus fehlte in der entscheidenden Senatssitzung und machte so den ganzen Plan scheitern.

Sogleich ward ein neuer Coup ausgeheckt und zwar für den 5. Februar des gleichen Jahres; doch auch diesmal mißglückte das Projekt. Catilina gab das Zeichen zum Losschlagen, ehe noch die gedungenen Leute alle am Platze waren, daher entstand nicht nur eine große Verwirrung, sondern es ward auch das Geheimniß ruchbar. Gleichwohl wagte die Regierung nicht, gegen die Verschwörer einzuschreiten, nur bestimmte sie, daß die Consuln mit einer Wache umgeben werden sollten; heimlich organisirte sie außerdem eine Knittelgarde. In der That schien auch etwas Weiteres vorerst gar nicht nöthig zu sein, indem es bis gegen Ende des Jahres 64 von der Verschwörung ganz stille blieb. Erst als die Wahlen für das Jahr 63 herankamen, zeigte es sich, daß die Catilinarier noch existirten.

Diesmal bewarb sich Catilina selber ums Consulat und neben ihm Antonius, ein ehemaliger Sullaner, der vom Senat ausgestoßen worden und ein ganz unbedeutender Mensch war. Siegte Catilina bei der Wahl, so wollten sich die Verschwörer der Kinder des Pompejus als Geißeln bemächtigen und weit und breit Rüstungen gegen diesen betreiben. In den Kreisen der Aristokratie brachten diese Candidaturen eine derartige Kopflosigkeit hervor, daß sich nicht einmal Gegenbewerber finden wollten, riskirten solche ja offenbar das Leben. Man mußte einen Mann auf den Schild erheben, dem die aristokratische Partei sonst wenig geneigt war, ja man schätzte sich noch glücklich, ihn bereitwillig zu finden. Dies war nämlich der Vielschwätzer Cicero. Gerade die Eigenschaft des farblosen Redens hatte aber diesen Mann so sehr bekannt gemacht und so wenig Haß auf ihn geladen, daß er die Mehrheit der Stimmen erlangte und so den Catilina besiegte. Antonius dagegen ging, wenn auch nur mit einem sehr geringen Mehr, aus der Urne hervor, was indeß bei der notorischen Unfähigkeit dieses Menschen den Catilinariern nichts nützen konnte.

Cicero hatte früher zwar mit den Verschworenen einigermaßen geliebäugelt, jetzt ließ er sie völlig hängen. Er konnte als Statthalter nach Macedonien gehen; aber er trat diesen Posten an seinen Collegen ab, nur um in Rom bleiben zu können. Zudem konnte Pompejus jeden Tag in Italien eintreffen und einen Staatsstreich machen! Es herrschte eine allgemeine Unruhe in der Hauptstadt, und die Verschworenen waren geschäftiger denn je. Ein Volkstribun von ihrer Seite hatte vergeblich einen Versuch mit der Vorlage eines Ackergesetzes gemacht; jetzt blieb nur noch übrig, außerhalb Roms den Bürgerkrieg zu eröffnen und denselben von da in die Stadt zu verpflanzen. Die ziemlich feste Stadt Fesulä, welche schon bei früheren Insurrektionen gute Dienste geleistet hatte, sollte zum Hauptquartier werden. Dorthin schickte der Geheimbund also zunächst seine Geldmittel, die zum großen Theile von reichen Damen herrührten, welche aus wer weiß was für Gründen mit den Catilinariern in Verbindung standen. Ferner sammelte man dort Waffen und Soldaten an; ein alter sullanischer Hauptmann, Manlius, übernahm vorläufig den Oberbefehl. Aehnliche Zurüstungen wurden nach und nach auch in anderen Städten betrieben, umsomehr, als es sich alsbald herausstellte, daß in manchen Gegenden eine große Erbitterung über Pompejus und die Aristokratie herrschte. In Rom selbst merkte man am besten, daß ein Gewitter im Anzuge sei, weil die Schuldner sehr trotzig auftraten, die Kapitalisten dagegen voller Angst waren.

Als nun die Consulwahl für's Jahr 62 heranrückte, beschlossen die Verschwörer, diesmal den Catilina um jeden Preis zum Consul zu machen und nöthigenfalls den die Wahl leitenden Beamten sammt den Gegenkandidaten todtzuschlagen. Sollte es zum Aeußersten kommen, so waren die Catilinarier entschlossen, mit Bewaffneten von den obgedachten Städten aus gegen Rom zu rücken und so allen Widerstand zu brechen. Diese Projekte wurden indeß durch Verräther dem Cicero hinterbracht, und dieser theilte im entscheidenden Moment den ganzen Sachverhalt dem Senat mit, wo die hervorragendsten Verschwörer anwesend waren. Catilina, wüthend über den Verrath, und unfähig, sich auf's Läugnen zu verlegen, erhob sich trotzig und sagte daß er für den Fall seiner Wahl allerdings der großen führerlosen Partei ein Haupt sein werde, und daß er sich dann nicht scheue, mit der kleinen, von elenden Führern gelenkten Partei den Kampf aufzunehmen. Der Senat mag über die ganze Bescheerung in keinen geringen Schrecken versetzt worden sein, daher nahm er die Erklärung Catilinas mit Stillschweigen hin! —

Cicero sah sich indeß für den Wahltag, den 28. Oktober 63, gut vor. Er umgab sich nicht allein mit Bewaffneten, sondern ließ auch bei Zeiten das ganze Marsfeld besetzen. Dies hatte zur Folge, daß Catilina bei der Wahl durchfiel, und daß auch sein Anhang sich nicht getraute, die Wahlhandlung zu stören.

Anders lagen die Dinge außerhalb der Stadt, wo man jedenfalls von der in Rom eingetretenen Wendung nicht frühzeitig genug unterrichtet war. Manlius hatte schon am 27. Oktober bei Fesulä die Fahne der Empörung aufgepflanzt und Proklamationen im Sinne der Verschworenen erlassen. Es strömten ihm auch viele Unzufriedene zu; allein da die Erhebung vereinzelt blieb, war sie nur ein verunglückter Putsch. Man sollte denken, Catilina hätte nachgerade genug Mißerfolge erlitten gehabt, um das Verschwörerhandwerk einzustellen, aber dieser Mann war nicht geneigt, das geplante Werk gänzlich aufzugeben. Daß für ihn zu Rom kein sicherer Boden mehr sei, begriff er zwar, auch beschloß er, sich von der Hauptstadt zu entfernen; allein er wollte immerhin zuvor noch einen Hauptschlag führen, der vielleicht noch Alles zu seinen Gunsten zu wenden geeignet gewesen wäre. Er ging nicht allein in die Volksversammlungen, sondern er beantwortete auch die hier gegen ihn gerichteten Anklagen mit Drohungen; und seiner Frechheit verdankte er es in der That, daß man ihn ungeschoren ließ. Andererseits mußte er aber bald erfahren, daß er mit Verräthern umgeben war, indem die Regierung zeigte, daß sie von allem unterrichtet sei, was die Verschwörer auch planten.

Catilina gedachte nun dem Verrathe durch sehr rasches Handeln zuvorzukommen. Er berief seinen Anhang in der Nacht vom 6. auf den 7. November und stellte den Antrag auf sofortige Ermordung Cicero's. Als aber Morgens die Attentäter vor dem Hause des Consul erschienen, waren die Wachen daselbst verstärkt, die Eindringlinge wurden vertrieben und der ganze Mordplan war zu nichte gemacht. Offenbar hatte Cicero abermals rechtzeitige Nachrichten über die Absichten der Verschwörer erhalten. Am anderen Tage beraumte er sogleich eine Senatssitzung an, bei welcher auch Catilina erschien. Cicero setzte den Senat von Allem in Kentniß, was in den letzten Tagen Seitens der Verschwörer ausgemacht worden war; allein Catilina besaß die wahrhaft bewunderungswerthe Frechheit, sogleich das Wort zu ergreifen, um eine lange Vertheidigungsrede zu halten. Und der Senat, der einst gegen die Volkstribunen gar eifrig mit — Knitteln argumentirte, wich entsetzt vor dem Redner aus dem Saale! — So konnte Catilina unangefochten die Stadt verlassen. — —

Er ging nach Etrurien, wo seine Anhänger bereits einen Aufruhr angefacht hatten, und proklamirte sich selber als Consul Sein Plan ging jetzt dahin, in der gedachten Gegend eine Armee zu schaffen und mit derselben auf die erste Nachricht über den Ausbruch der von ihm erwarteten Empörung in Rom nach dort aufzubrechen. Sein Unter-Anführer war der schon genannte Manlius. Beide erklärte nun die Regierung in die Acht, ebenso ihre sämmtlichen Genossen, die nicht binnen einer kurzen Frist sich zur Niederlegung der Waffen bequemten. Uebrigens beging der Senat den groben Fehler, den Consul Antonius, der doch selbst ein halber Verschwörer war, mit dem Oberbefehl über die schleunigst einberufenen Milizen gegen die Catilinarier zu betrauen. Außerdem that man nicht das Mindeste, was geeignet gewesen wäre, einem Aufstande in der Hauptstadt vorzubeugen, ein Beweis, daß der Senat aus lauter politischen Nullen bestand.

Wenn es trotzdem in Rom zu keiner Katastrophe kam, so lag dies nur daran, daß daselbst unter den Catilinariern auch keine Energie mehr herrschte; mit dem Haupte der Verschwörung war, wie es schien, auch deren Muth verschwunden. Es war verabredet worden, daß ein Volkstribun durch Berufung einer Volksversammlung das Zeichen zum Losschlagen geben solle. In der daraussolgenden Nacht sollte einer der Verschworenen, Cathegus, den Consul Cicero aus dem Wege räumen, während gleichzeitig zwei andere Catilinarier, Gabinius und Statilius, die Stadt an 12 Stellen in Brand stecken und im Gedränge durch einen Handstreich die wichtigsten Posten besetzen lassen sollten. Allein dieses Projekt ward erst verschleppt und schließlich durch Verräther zur Kenntniß der Regierung gebracht. Damals befand sich nämlich gerade die Deputation eines Keltenstammes zum Behufe einer Unterhandlung in Rom; diese Leute zogen nun die Verschworenen in ihr Vertrauen und gaben ihnen Papiere, die sie dem Catilina zu überbringen versprachen. Das Versprechen wurde jedoch nicht gehalten, vielmehr spielten die Kelten die Dokumente dem Cicero in die Hände.

Jetzt ließ dieser die Führer des Complotts sogleich verhaften und veröffentlichte die aufgefangenen Briefschaften. Die vier Gefangenen (ein Fünfter war entwischt) wurden im Senat gegen den Widerspruch Julius Cäsars (!) zum Tode verurtheilt und sogleich im Kerker erdrosselt. Dies war nicht verfassungsmäßig, da nur die Bürgerschaft das Recht hatte, ein Todesurtheil auszusprechen; aber der Senat befürchtete, daß die Gefangenen befreit werden könnten, wenigstens gab er dies vor; und das Volk war über den Plan der Brandstiftung so aufgebracht, daß es gar nicht daran dachte, gegen diesen Eingriff in seine Rechte zu protestiren. Als nun Antonius sah, wie übel es seinen Genossen erging, verläugnete er die Catilianer gänzlich und rückte ganz ernsthaft gegen die Schaaren des bereits im Anzuge begriffenen Catilina.

Noch ehe es zu einem Zusammenstoße kam, erfuhr dieser das Schicksal seiner Genossen zu Rom; viele seiner Leute liefen auf der Stelle davon, mit dem Reste wollte er sich nach Gallien durchschlagen. Aber Antonius war ihm zuvorgekommen und trat ihm in einem

Engpasse bei Pistoja in den Weg. Hier kam es nun zu einem furchtbaren Kampfe, der damit endete, daß Catilina sammt seinen Begleitern, die ungefähr 3000 Köpfe zählten, niedergemacht wurde. Alle sollen indeß mit solcher Ausdauer sich geschlagen haben, wie sie einer besseren Sache würdig gewesen wäre.

Nun folgten noch zahlreiche Prozesse, bei denen es nicht gerade sehr unvarteiisch herging. Man räumte nicht nur die Catilinarier in großer Anzahl aus dem Wege, sondern auch viele ehrliche Demokraten, nur Cäsar und Crassus, obgleich diese zu den Ersteren gehörten, blieben unbehelligt. Wer jedoch glaubte, daß nun den Staatsabenteurern das Handwerk gelegt sei, der irrte sich; denn von nun ab trieb das politische Gaunerthum erst recht sein Unwesen. Die Verschwörungen des Catilina waren reine Kinderspiele gegen die nun folgenden Staatsstreichlereien im Großen. Rom war überreif für den Militärdespotismus; es konnte sich nur noch fragen, wer denselben endgültig zu befestigen vermöge.

XVIII.

Ein sauberes Kleeblatt.

Die Furcht vor dem Eintreffen des Pompejus beherrschte die Aristokratie desto mehr, je ärger die Umtriebe wurden, die dessen Creaturen inscenirten; man kann sich daher das Erstaunen denken, welches eintrat, als der Gefürchtete im Januar 61 ohne Armee in Rom eintraf, weil er dieselbe gleich nach seiner Landung an der italischen Küste aufgelöst hatte. Dies war indeß nur ein wohlberechnetes Manöver, womit Pompejus seine Gegner sicher machen wollte. Da er aber gar zu auffällig Schaukelpolitik trieb, so verdarb er es mit Allen, anstatt, wie er gehofft hatte, sie damit zu gewinnen. Er stieß bei allen seinen Projecten auf unerwarteten Widerstand. Als er sich ums zweite Consulat bewarb, die Bestätigung aller durch ihn bewerkstelligten Anordnungen in Asien forderte und für seine Soldaten Landanweisungen durchsetzen wollte, ward dem von allen Seiten Opposition gemacht und kam es zu den gewaltthätigsten Auftritten.

Nach solchen Niederlagen fand es Pompejus für gerathen, mit Julius Cäsar und mit Crassus zu paktiren, obgleich er guten Grund hatte, dieselben als Rivalen zu betrachten. So vereinbarten denn diese drei Abenteurer im Sommer 60, daß Cäsar, der in der letzten Zeit Statthalter in Spanien war und unter den Demokraten immer noch viele Anhänger zählte (weil er sich eben sehr gut auf die politische Heuchelei verstand), das Consulat für das Jahr 59 bekommen solle; dafür versprach dieser, für die Landanweisungen der Pompejischen Soldaten sorgen zu wollen und so indirekt die Popularität des Pompejus zu erhöhen; Crassus dagegen wurde mit unbestimmten Versprechungen gewonnen. Cäsar wurde sodann auch wirklich gewählt und brachte sogleich die verabredeten Anträge vor den Senat, welcher sie aber verwarf. Wie gewöhnlich mußte daher die Volksversammlung aushelfen. Ging es auch hiebei sehr tumultuarisch her, so gelangten die Anträge, die Landaustheilung für die Pompejischen Soldaten und einige untergeordnetere Dinge betreffend, doch zur Annahme. Darob große Wuth bei den Aristokraten über den Consul, dem sie nun zwei entlegene Provinzen zur Verwaltung als Statthalter überweisen wollten, um ihn von Rom fern zu halten und lahm zu legen. Cäsar hatte zwar selber ein Verlangen nach einem Satthalterposten, jedoch nicht nach einem solchen, wo wenig Ruhm und Beute zu holen war; daher forderte er die Statthalterschaft von Gallien, wo Beides leicht erworben werden konnte. Nach vielfachen Intriguen setzte er auch seinen Willen durch, und zwar sicherte er sich gleich für 5 Jahe das Amt. Der Senat wagte gar nicht, sich zu mucksen und benahm sich höchst kläglich. Nur Cicero und Cato trieben noch ein Wenig Opposition; allein auf Betreiben Cäsars und Pompejus' schickte man den Ersteren in einer harmlosen Amtssache nach dem Osten, den Letzteren aber in die Verbannung und zwar unter dem Vorwande, daß er die Catilinarier gesetzwidrig ermordet habe. B i dieser Gelegenheit offenbarte übrigens Cato die größte Charakterlosigkeit, indem er sich dem Pompejus zu Füßen warf! — Gebührendermaßen blieb dieses Gnadengebettel ohne Erfolg.

Cäsar ging nun zunächst nach Spanien und sodann nach Gallien (58), wo römische Auswanderer bereits römische Kultur ins Land getragen hatten. Weit und breit betrieb Cäsar die Unterjochung aller gallischen Stämme und plünderte das Land so systematisch, daß die hieraus entspringende Geldzufuhr nach Italien daselbst den Werth des Geldes um 25 Procent verringerte. Nach Ablauf der fünfjährigen Amtszeit wußte er sich deren Verlängerung zu verschaffen; und so trieb er die Tyrannisirung und Brandschatzung Galliens volle 7 Jahre lang dermaßen, daß am Schlusse dieses Zeitraums die besten Männer dieses Landes todt, seine schönsten Gegenden verwüstet, seine materielle Existenz so viel wie vernichtet war. Selbstverständlich war aus diesem Grunde Cäsar in den Augen der Römer ein „großer Mann" und durfte auf Sympathie rechnen. Außerdem waren die Legionen, welche er befehligte, in den unaufhörlichen Kämpfen zu wahren Räuberbanden geworden; und da ihnen der Feldherr nicht allein große Freiheiten erlaubte, sondern auch noch große Versprechungen machte, so konnte derselbe darauf rechnen, daß diese Horden für seine Interessen sich schlagen werden. Er hatte also in Gallien Alles erworben, was er für seine verbrecherischen Absichten brauchte: Ruhm, Geld und eine verthierte, ihm blindlings ergebene Soldatenrotte.

In Rom gewöhnte man sich mehr und mehr daran, die höheren Staatsbeamten als unfähige und machtlose Strohpuppen zu betrachten, das Triumvirat Pompejus, Cäsar und Crassus aber als das eigentliche Gewalthaberthum anzusehen; doch war man sich gerade über die Stellung Cäsars nicht ganz im Klaren, so gut verstand es derselbe, Alle zu täuschen. Man glaubte nämlich, er sei nur ein Werkzeug Pompejus', während man diesen als ersten Herrscher auffaßte und daher am meisten bekämpfte. Das Volk an und für sich war freilich schon so indifferent geworden, daß es nur künstlich für die Staatshändel interessirt werden konnte; daher trieben die Aristokraten Demagogie. Während sie selbst auf ihren Landgütern schwelgten und zwischen vier Mauern auf die Staatsstreichler schimpften, die sie nicht öffentlich anzugreifen wagten, ließen sie in den Clubs und auf den Straßen Roms durch bestochene Volksredner gegen die Triumviren, besonders aber gegen

Pompejus, Opposition machen. Aber dieser und seine Spießgesellen verstanden sich auf solche Agitationen ebenfalls und hatten ihre erkauften Straßenhelden an der Hand. Wie es unter solchen Umständen in Rom zuging, kann man sich leicht denken; es herrschte der reinste Hexensabbath. Mordthaten, Häuserbelagerungen, Brandstiftungen u. s. w. kamen täglich vor. In Versammlungen zischte man sich gegenseitig aus und spie sich ins Gesicht; es wurden Leute getreten; man warf mit Steinen und drohte mit gezückten Schwertern. Die aufreizenden Agenten zeigten mit einem Worte, daß sie an der Arbeit seien. Und so wollte man es sowohl auf Seiten der Aristokratie, als auf Seiten des Triumvirats haben, weil man dachte, es müsse ein derartiger Wirrwarr die Gesellschaft als rettungsbedürftig erscheinen und den Weizen der Abenteurer blühen lassen, wobei wieder eine dieser sauberen Cliquen der anderen zuvorzukommen hoffte. —

Auch bei diesen Wühlereien wußte Cäsar sich den meisten Einfluß zu sichern und zwar durch den Volkstribun Clodius, der mit allen Mitteln operirte, wenn es galt, das Volk zu täuschen. Er setzte unentgeltliche Getreidevertheilungen durch, ließ das Vereins- und Versammlungswesen von allen Schranken befreien, organisirte zahlreiche Clubs 2c. Pompejus sah mit Groll, wie Cäsars Popularität stieg und die seinige erblaßte; er ging in seinem Aerger so weit, gegen die Anhänger des Clodius eine Knittelgarde aufzubieten, mußte aber den Kürzeren ziehen. Da klammerte er sich an den Senat und wußte sich bei diesem dadurch einzuschmeicheln, daß er die Zurückberufung Cicero's durchsetzte. Doch damit war auch nicht viel gewonnen, weil die vielen Siege Cäsars und die großen Geldsummen, die nach denselben der Hauptstadt zuflossen, die Bevölkerung in eine siegesduselige Stimmung versetzten. Dazu kam noch, daß Cäsar vermittelst der gemachten Privatbeute viele Bauten in Rom aufführen ließ, Feste über Feste anordnete und keinen Maulhelden für zu schlecht hielt, um ihn zu bestechen. Pompejus hatte nun allerdings in Asien auch genug gestohlen, um ähnliche Lockspeisen dem Volke hinwerfen zu können, doch ward er stets durch Cäsar überflügelt. Andererseits bemerkte der Senat mit Vergnügen, daß in manchen Volkskreisen, wo man sich noch ein nüchterneres Urtheil bewahrt hatte, namentlich aber in vielen italienischen Städten, das Mißtrauen gegen das Triumvirat zusehends wuchs, und daß vielfach das Herannahen der Monarchie gewittert und befürchtet wurde. Da aber verfassungsmäßig diese Gefahr nur durch eine Neubefestigung der senatorischen Macht beschworen werden konnte, so schöpften die Aristokraten aus diesen Umständen neue Hoffnung. Sie markteten nicht allein mit Pompejus, der eine ähnliche Machtstellung forderte, wie er sie schon einmal inne hatte, sondern sie gingen sogar mit dem Plane um, die Einrichtungen, welche Cäsar vor seiner Entfernung aus Rom geschaffen hatte, umstoßen zu lassen. Da machte ihnen plötzlich dieser Säbelheld einen Strich durch die Rechnung.

Im Mai 56 sollten die diesbezüglichen Abstimmungen stattfinden; allein kaum war dies bekannt geworden, so veranstalteten Cäsar, Pompejus und Crassus eine Zusammenkunft in Ravenna, um neue Schwindeleien auszuhecken. Verschiedene einflußreiche Personen, darunter etwa 200 Senatoren, die gewohnt waren, die Wurst nach der Speckseite zu werfen, nahmen an den Berathungen Theil; und es wurde gerade so verfahren, als ob die Verfassung bereits abgethan wäre. Cäsar führte in jeder Beziehung das große Wort, bedang sich aber vorläufig nur die Beibehaltung der gallischen Statthalterschaft aus, während er dem Pompejus die Statthalterschaft von Spanien und dem Crassus die von Syrien zusprach. Jeder sollte 5 Jahre lang amtiren, nur Cäsar, dessen Amtszeit schon früher bis zum Jahre 54 verlängert worden war, wünschte eine abermalige Verlängerung derselben um 5 Jahre, also bis zum Jahre 49, wie auch die Befugniß, seine Legionen bis auf 10 zu vermehren. Außerdem sollten Pompejus und Crassus für das Jahr 55 das Consulat eingeräumt bekommen, während Cäsar für das Jahr 48, wo er sein Statthalteramt aufgeben wollte, das Consulat begehrte. Alle diese Vereinbarungen sollten durch Volksbeschlüsse, also durch ein infames Spiel mit der Bevölkerung, bestätigt werden. Scheinbar sah das ganze Uebereinkommen aus, als ob das Kleeblatt mit der bewerkstelligten Theilung der Macht ganz zufrieden wäre; in Wirklichkeit aber strebte nach wie vor Jeder nach der Alleinherrschaft. Cäsar war dabei offenbar im Vortheil. Einerseits hatte er die größte Truppenzahl hinter sich und stand ihm der Weg nach Rom jederzeit offen, während Pompejus und Crassus durch die See davon getrennt waren, wenn sie erst ihre Statthalterschaften angetreten hatten; andererseits hoffte er diese Beiden gegenseitig in Schach halten zu können.

Kaum hatte der Senat von dieser Conferenz Nachricht erhalten, so war er wie vom Blitze getroffen: er verzichtete nicht allein auf alle seine gemachten Projekte, sondern getraute sich nicht einmal, das Geringste den Plänen des Triumvirats in den Weg zu legen, so daß dieselben ohne Weiteres Annahme fanden. Von nun ab thaten die drei Staatsverbrecher was sie wollten, ohne von dem Vorhandensein des Senats auch nur Notiz zu nehmen; in der Volksversammlung dagegen ließen sie ab und zu Abstimmungskomödien aufführen. Da aber die Senatoren unter allen Umständen etwas treiben wollten (gerade wie Viele der modernen Parlamentarier), so trieben sie Speichelleckerei. Der vielgepriesene Schönschwätzer Cicero packte seine sittliche Entrüstung ein und streute den Tyrannen Weihrauch. Er gelobte, „künftig nicht mehr nach Recht und Ehre zu fragen, sondern um die Gunst der Machthaber sich zu bemühen." Auch ließ sich dieser Tugendritter von Cäsar schließlich Geld „leihen." Andere thaten ein Gleiches. Cato machte zwar noch hie und da in Opposition, aber nur sehr zahm und mehr zur Erheiterung seiner Genossen, als aus einem sonstigen Grunde.

Von dieser Seite hatten also die Triumvire keinen Widerstand mehr zu gewärtigen, dagegen mußten sie wohl oder übel sich bemühen, alle Wahlen in ihrem Sinn zu leiten. Zu diesem Behufe entließen sie jedesmal eine Anzahl Soldaten, die, wie unsere Kriegervereinler, durch Dick und Dünn mit ihren Führern gingen. Nöthigenfalls wurde eine Prügelei angezettelt, wie z. B schon im Jahre 55 gelegentlich der damaligen Wahlen geschah, wobei Cato tüchtig durchgehauen wurde. So that Jeder von den Dreien, was in seinen Kräften stand, sich allein ans Ruder zu bringen. Cäsar bereitete sich offenbar zu einer militärischen Aktion vor; Pompejus blieb trotz seiner spanischen Statthalterschaft beständig in Rom und ließ sein Amt gesetzwidriger Weise durch Legaten ausüben; nur Crassus scheint dem Zufall sein Glück anvertraut zu haben, indem er nach Syrien ging und von da aus die Parther bekriegte. Aber dies bekam ihm schlecht. Nicht allein Mißerfolg begleitete dieses Unternehmen, sondern sogar persönlicher Untergang. Crassus wurde bei einem Ueberfall (im Jahre 53) getödtet; und um seinen Golddurst zu verspotten, gossen die Parther geschmolzenes Gold in den Mund seines abgeschnittenen Kopfes. So endete Einer der drei nichtswürdigen Staatsabenteurer; um so heftiger mußte daher die Eifersucht zwischen den zwei Ueberlebenden entbrennen.

Pompejus hatte schon wiederholt die Diktatur gefordert und zwar unter dem Hinweis auf die in Rom herrschende Unordnung; allein der Senat hatte doch noch so viel Kraft gefunden, dem zu widerstehen; vielleicht trieb ihn hiezu übrigens auch die Furcht vor Cäsar. In dem Jahre nun, wo Crassus starb, waren in der Hauptstadt in der That ganz anarchische Zustände eingerissen, jedoch hatten dieselben, wie schon oben bemerkt, eine künstliche Erzeugung zum Grunde und war Pompejus nicht der Letzte, der Straßenagenten besoldete und scandaliren ließ. In dem gedachten Jahre kam sieben Monate lang keine Consulwahl zu Stande, so groß war der Skandal in den Versammlungen; und es bedurfte schließlich großer Anstrengung, wenigstens für die letzten fünf Monate Consuln einsetzen zu lassen. Im Jahre 52 gings von Neuem los, und die Consulwahl kam wieder nicht zu Stande. Gewaltthätigkeiten aller Art kamen tagtäglich vor; die „Republik“ sollte eben immer verhaßter, die Gelegenheit zur Errichtung der Monarchie immer günstiger gemacht werden, daher schürte Pompejus auf das Eifrigste die Gluth des Aufruhrs, versteht sich im Geheimen, während er gleichzeitig nicht müde wurde, öffentlich zu erklären, der Anarchie müsse ein Ende gemacht werden. Endlich kam es zur Ernte für den ruchlosen Mann; ein Mord verschaffte ihm das Staatsruder. Die Sache kam folgendermaßen: Clodius, der diesmal für den Pompejus Demagogie trieb, erhob dessen Consulatscandidaten auf den Schild, konnte aber damit um so weniger durchdringen, als die fraglichen Leute nicht allein total unfähige Menschen waren, sondern auch in Milo, den die Aristokraten protegirten, einen energischen Gegner fanden, der freilich — gerade wie Clodius — mit besoldeten Rotten von der Knittelzunft am liebsten operirte. Eines Tages kam es vor den Thoren der Stadt zu einer gewaltigen Rauferei zwischen den beiderseitigen Banden, wobei Clodius zunächst verwundet, dann aber, auf Geheiß des Milo vollends todtgeschlagen wurde. Sogleich schleppten die Clodianer den Leichnam auf den Marktplatz, stellten ihn auf der Rednertribüne aus und führten heftige Reden. Dann ward der Todte ins Rathhaus getragen und dieses selbst zu seinem Scheiterhaufen bestimmt, also angezündet. Hierauf sollte Milo gezüchtiget werden. Man belagerte sein Haus, mußte jedoch unverrichteter Dinge abziehen, weil er durch seine Söldlinge mit Pfeilen dazwischen schießen ließ. Endlich gings nach dem Hause des Pompejus und zu dessen Consulats-Candidaten und wurden diese als Consuln, jener als Diktator begrüßt! —

Jetzt glaubte Pompejus nicht mehr zurückhalten zu sollen. Er erschien im Senat, nicht um die Diktatur zu fordern, sondern um zu befehlen, daß er zum Diktator ernannt werde. Dabei trieb er abermals die politische Heuchelei so weit, sein Verfahren mit dem Hinweis auf die Anarchie zu rechtfertigen, die vernichtet werden müsse. So sprach ein Mensch, der seit Jahren zahlreiche Aufreizungs-Agenten besoldete, um durch dieselben das bereits denkunfähig gewordene römische Proletariat irreleiten zu lassen und Unheil anzustiften! Ohne die Beschlüsse des Senats abzuwarten, zog er Truppen zusammen und ließ sie gegen die Hauptstadt marschiren. Der Senat verschluckte die bittere Pille, glaubte jedoch sie mit einer Selbstbelügung verzuckern zu müssen. Wieder war es Cato, der (vermuthlich „mit schwerem Herzen") diese Charlatanerie zu Wege brachte, indem er die Diktatur bekämpfte und den Antrag stellte, man möge den Pompejus zum „Consul ohne Collegen" ernennen. Dem wurde auch richtig entsprochen; und der „Consul ohne Collegen" machte nun den ausgiebigsten Gebrauch von seiner Allgewalt. Er ließ Jeden „gerichtlich" abthun, der seinen weiteren Plänen im Wege stand; seine früheren Agenten ließ er jetzt großentheils fallen, da er ihrer nicht bedurfte Auch gegen Cäsar spielte er einen Trumpf aus, indem er das Gesetz, wonach kein Abwesender sich um ein Amt bewerben konnte, erneuern ließ. Es war ihm nämlich bekannt, daß Cäsar bei seiner zukünftigen Bewerbung ums Consulat nicht nach Rom kommen, sondern bei seinen gallischen Legionen bleiben wolle; daher gedachte er denselben auf solche Weise um die früher vereinbarten Früchte des Schwindels zu prellen.

Die Bevölkerung nahm alle Maßregeln stillschweigend hin; ja der knechtische Charakter derselben machte binnen Kurzem solche Fortschritte, daß weit und breit Jubelfeste veranstaltet wurden, als einmal Pompejus eine schwere Krankheit glücklich überstand! Unter solchen Umständen konnte der Tyrann mit leichter Mühe eine neue Komödie aufführen. Er legte am 1. August 52 die Diktatur wieder nieder und ließ sich einen zweiten Consul — einen ihm ergebenen Strohmann — zur Seite stellen. Anscheinend herrschte jetzt in Rom wieder die alte „Ordnung;" aber mehr und mehr zeigte eine gewisse Gedrücktheit des Volkes, daß es sich vor neuen Stürmen fürchtete. Diese Angst stieg desto mehr, je deutlicher Cäsar seinen Schatten an der Bildfläche auftauchen ließ, und man machte sich darauf gefaßt, daß derselbe alsbald mit Pompejus einen Gang thun werde.

In Gallien war gerade ein heftiger Aufstand gegen die Römer ausgebrochen, der Cäsars ganze Zeit und Macht in Anspruch nahm, daher konnte Pompejus um so ungestörter intriguiren. Da er während seiner Diktatur die Reihen der Demokraten stark gelichtet hatte, so war er dem aristokratischen Senat ziemlich sympathisch geworden und konnte daher denselben leicht zu Maßnahmen gegen die Candidatur Cäsars für das Consulat, die derselbe sich bekanntlich gelegentlich der Verschwörung vom Jahre 56 für das Jahr 48 vorbehalten hatte, bewegen. Cato sprach es sogar offen aus, daß er den Cäsar nach Ablauf seiner Amtszeit kriminell belangen wolle. Cäsars Angelegenheiten spielten bei den Verhandlungen des Senats in den Jahren 51 und 50 eine ganz hervorragende Rolle; und es machte weder die Senatsmajorität, noch Pompejus länger ein Geheimniß aus der Feindseligkeit gegen den gefürchteten Soldaten. Indessen hatte dieser den gallischen Aufstand rasch unterdrückt und kam unter dem Vorwande einer Grenzvertheidigung mit einer Legion nach Oberitalien. In Rom selbst ließ er das Geld wirken, Er kaufte sich die Anhänger, wo sie zu haben waren, ohne auf deren Charakter weiter zu achten. Sein bester Agitator war der Volkstribun **Curio**, von dem man sich erzählte, daß er 60 Millionen Sesterzen ($13^1/_2$ Millionen Mark) Schulden habe, ein Hauptlump, aber ein genialer Redner sei.

Als nun im Senat davon die Rede war, den **Cäsar** abzuberufen, beantragte **Curio**, daß auch **Pompejus** zur Niederlegung seines Amtes aufgefordert werden möge. **Cäsar**, wohlwissend, daß **Pompejus** ohne Amt nicht gefährlich sei, erklärte sich bereit, dem Ansinnen Folge zu leisten, wenn der Antrag **Curio's** angenommen werde, allein **Pompejus** wollte vom Letzteren nichts wissen und erregte dadurch allseitiges Mißtrauen. Im Senat wurden endlose Debatten gepflogen, schließlich fand aber **Curio's** Antrag mit großer Majorität Annahme. **Pompejus** verweigerte jetzt nicht nur den Gehorsam, sondern setzte sich sogar in Bereitschaft, mit allen aufzutreibenden Truppen gegen **Cäsar** zu marschiren (Dez. 50.) Doch dies war gerade dem Letzteren recht willkommen Sein Gegner hatte den Kampf begonnen und zwar in einer verfassungswidrigen Weise und gegen die Beschlüsse des Senats, mithin konnte **Cäsar** das Recht der Nothwehr vorschützen. Ein Ultimatum voll scheinheiliger Phrasen, das er an den Senat abgehen ließ, hatte jedoch keinen Erfolg. Es wurde nach einem stürmischen Redekampfe mit Majorität beschlossen, daß er aufzufordern sei, sofort sein Amt niederzulegen und seine Truppen zu entlassen, widrigenfalls er als Hochverräther vor Gericht gestellt werden solle. Die Tribunen, welche im Solde **Cäsars** standen, protestirten gegen diese Beschlüsse, kamen aber so sehr ins Gedränge, daß sie schleunigst aus der Stadt fliehen mußten. Der Senat erkärte das Vaterland in Gefahr und rief alle Bürger unter die Waffen; allein **Cäsar** handelte ebenso rasch. Er bearbeitete die zunächst zu seiner Verfügung stehende Legion mit schmeichlerischen Worten und eilte damit gegen Rom.

XIX.

Der Despotismus des Säbels.

Cäsar wird von den meisten Geschichtschreibern, wenn nicht als „größter Römer", so doch als Einer der genialsten Feldherren aller Zeiten vergöttert; allein in Wirklichkeit besaß er nur eine bodenlose Frechheit, während seine Gegner feige Memmen waren. **Pompejus**, der bisher gar prahlerische Reden geführt hatte, zog sich mit seinen Soldaten beim Heranrücken **Cäsars** sofort zurück, eilte nach Brundisium und schiffte sich nach Griechenland ein. Somit fiel ganz Italien dem **Cäsar** ohne Schwertstreich in die Hände, zur Entfaltung irgend welcher Genialität hatte sich also gar keine Gelegenheit geboten. Dagegen fand nun die politische Heuchelei ein weites Feld. Den Aristokraten gegenüber legte der Staatsstreichler große Mäßigung an den Tag und brachte sie so zur Ruhe; und das Volk ward mit Festen und Versprechungen eingelullt.

Nachdem **Cäsar** die Verwaltung der Hauptstadt einer zuverlässigen Person übertragen hatte, machte er sich daran, alle Provinzen einzeln zu erobern, was ihm zwar nicht durchgängig auf den ersten Anlauf, aber doch nach und nach gelang. In Sardinien und Spanien kostete es nur geringe Kämpfe, die Behörden abzusetzen; dagegen scheiterten die Expeditionen nach Illyrien und Afrika, wo einiger Widerstand geleistet wurde, gänzlich. Pompejus sammelte in Macedonien all' diejenigen um sich, die sich aus Italien flüchteten: Soldaten, Senatoren &c. Alsbald entstand in diesem Hauptquartier von Cäsars Gegnern eine Art Senat, der das Möglichste leistete — im Schwätzen. Eine kleine Fraktion von Heißspornen forderte freilich Cäsars Kopf; allein zum Schlagen waren diese verweichlichten Aristokraten nicht tauglich, und wenn ihr Geld nicht viele Söldlinge ihnen zugeführt hätte, so wären sie gewiß rasch genug davongelaufen. So hatte Cäsar in Macedonien allerdings einige Anstrengungen zu machen, ehe es ihm gelang, die Armee des Pompejus völlig zu schlagen. Als dies aber bei Pharsalus geschehen war, krochen sofort die meisten Maulhelden zu Kreuz und trieben Erfolganbeterei, voran der unvermeidliche Cicero. Pompejus selbst floh nach Aegypten, wo er jedoch von persönlichen Feinden umgebracht wurde, so daß Cäsar, der ihn verfolgte, bereits einen Leichnam vorfand. Einmal auf ägyptischem Boden stehend, wollte Cäsar denselben gleich für Rom gewinnen. Er mischte sich in Regierungsstreitigkeiten, blieb nach diversen Scharmützeln Sieger, setzte in der Hauptstadt Alexandria eine römische Besatzung ein und betraute die ägyptische Königstochter Kleopatra, mit der er übrigens buhlte, mit der Regentschaft (Okt. 48).

Auf dem Rückwege über Kleinasien warf er die daselbst aufgestandenen einheimischen Fürsten nieder, während gleichzeitig Einer seiner Unteranführer in Illyrien dem Faustrechte zum Siege verhalf. Jetzt war nur noch Afrika, wo sich die Reste der gesprengten Armeen der übrigen Provinzen zusammengefunden hatten, zu nehmen. Dies geschah endgültig in der Schlacht bei Thapsus am 6. April 46, wo mindestens 50,000 Mann von Cäsars Gegnern niedergemetzelt wurden. So hatte der Usurpator in Zeit von 4 Jahren auf der ganzen Linie des weiten römischen Reiches seinen Gewaltstreich vollbracht.

Jetzt ging die Schaukelpolitik los. Den Aristokraten wurde nicht viel zu Leide gethan, aber den Demokraten auch nichts geboten. So mußten schließlich auch denen die Augen aufgehen, die in ihrer kindlichen Einfalt erwartet hatten, der Staatsstreichler werde sociale Reformen durchführen. Man war unzufrieden, getraute sich aber nicht, laut Opposition zu machen. Unter dem Deckmantel der Anonymität wurden Maueranschläge und Pamphlete losgelassen, was indessen den schamlosen Cäsar nur veranlaßte, einen — Reptilienfonds ins Leben zu rufen. Er dang sich zahlreiche literarische Lakaien, die für Geld den Republikanismus mit Koth besudelten und den Tyrannen in allen Tonarten besangen. Außerdem führte der Despot die Censur ein und drohte jeder freiheitlichen Propaganda mit den schwersten Strafen. Aber die Bestechung blieb immer das beliebteste Kampfmittel Cäsars. Entweder suchte er mißliebige Stimmen durch Geld verstummen zn machen, oder er zog die einflußreicheren Gegner durch Verleihung einträglicher Aemter an sich. Gleichwohl waren alsbald überall Anzeichen der Rebellion wahrnehmbar, und in Rom selbst reifte die Verschwörung heran, welcher der Tyrann schließlich erliegen mußte.

Mit der amtlichen Stellung Cäsars verhielt es sich folgendermaßen. Er hatte sich zunächst vorübergehend, dann auf 10 Jahre und endlich auf Lebenszeit vom zitternden Senat als Diktator ernennen lassen. Ferner ließ er sich die Censur, auch erst vorübergehend und dann lebenslänglich, zusprechen, während er sich bezüglich des Consulats vorläufig mit einer zehnjährigen Amtszeit begnügte. Zum Volkstribunen ließ er sich zwar nicht machen, dagegen beanspruchte und erhielt er eine der tribunicinischen gleichartige Gewalt auf Lebenszeit. Im Senat behielt er sich die erste Stimme vor, und endlich ließ er sich den Titel Imperator (so viel wie siegreicher Feldherr) beilegen. Zum Oberpontifex brauchte er sich nicht erst machen zu lassen, da er diesen Posten schon früher erobert hatte. War Cäsar durch die Vereinigung aller dieser höchsten Staatsämter in seiner Hand schon zum absoluten Herrscher geworden, so ließ er diese seine Gewalt auch noch durch Gesetze erhöhen. Solchermaßen ward ihm das Recht übertragen, ohne Befragen des Senats oder des Volkes über Krieg und Frieden zu entscheiden, über die Heere und Staatskassen beliebig zu verfügen, die Provinzialstatthalter zu ernennen, die römischen Stadtbeamten bindend vorzuschlagen, die Wahlen zu leiten, Patricier einzusetzen 2c. Damit noch nicht genug, bedachte der knechtische Senat den Tyrannen mit wahrhaft ekelerregenden Schmeicheleien; er nannte ihn Vater des Vaterlandes, legte einem Monat den Namen Cäsars (Julius) bei 2c. Im Senat wurde ein Thronsessel aufgestellt und zwar zwischen den beiden Stühlen der Consuln auf erhöhter Stelle. Angesichts solcher Speichelleckerei konnte es Cäsar schon wagen, zur Selbstvergötterung zu schreiten. Er befahl daher, daß sein Standbild neben den Standbildern der alten sieben Könige auf dem Kapitol aufgestellt werde, auch erschien er öffentlich in der alten Königstracht. Bei Beurtheilung politischer „Verbrechen" behielt er sich die letztinstanzliche Entscheidung vor. In die Eidesformel ließ er den Passus „beim Genius des Imperators" aufnehmen. Endlich ließ er auf alle Münzen sein Brustbild prägen; und das ihm angebotene Diadem hat er nur deshalb abgelehnt, weil er lieber mit einem recht buschigem Lorbeerkranze sich bedeckte, indem er unter einem solchen seine Platte, die ihn genirte, verstecken konnte.

Was von Reformen gefabelt wird, die Cäsar eingeführt haben soll, ist der baarste Unsinn, wie auch die Berichte über die wissenschaftlichen Kenntnisse dieses Faustritters rein aus der Luft gegriffen sind. So heißt es z. B., derselbe habe eine Kalenderverbesserung vorgenommen, während dies in der Wirklichkeit dem griechischen Mathematiker Sosigenes zu verdanken war; Cäsar war nur so unverschämt, die betreffenden Arbeiten mit seinem Namen zu verunzieren. Auch mit der Lösung der Grund- und Bodenfrage hat sich Cäsar keineswegs befaßt, obgleich ihm dies Viele nachrühmen. Er bedachte nur seine Soldaten mit Ländereien, um sich die Prätorianerbande zu Dank zu verpflichten; im Uebrigen verlockte er die Proletarier zur Auswanderung, um die kostspieligen Getreidespenden einschränken zu können. Ueberhaupt bezahlte er seine Militär-Banditen gar nicht schlecht; jeder Soldat, der ihm den Staatsstreich ermöglichen half, erhielt 20,000 Sesterzen (4500 Mark), die Officiere erhielten das Zwei- und Vierfache. Außer der Militärorganisation ward die der damit verwandten Polizei stramm angebahnt; vielleicht halten dies auch manche für einen Fortschritt! — Alles in

Allem regierte Cäsar mit dem Säbel in der Faust, daher denn auch bis auf den heutigen Tag Regierungssysteme, bei denen die Soldateska den Ton angibt, Cäsarismus heißen.

Julius Cäsar wurde nun allerdings am 15. März im Senat, als er gerade im Begriffe stand, sich den Königstitel verleihen zu lassen, durch seinen unehelichen Sohn Brutus und Andere erdolcht; allein damit war im Ganzen nichts gewonnen. Erstens wollten die Tyrannentödter lediglich zur alten aristokratischen Herrschaft zurückkehren, und dies fand beim Volke wenig Anklang; zweitens war bei der allgemeinen socialen Zerrüttung nur ein radikal-revolutionärer Umschwung oder ein nothdürftiges Hinschleppen des Gemeinwesens unter despotischen Banden denkbar; und drittens hatten die Prätorianer ihre Macht schon viel zu sehr kennen gelernt und den Cäsarismus schon viel zu einträglich gefunden, als daß sie nicht Lust haben sollten, sogleich wieder einen Militärdespoten auf den Schild zu erheben. Und so begann jetzt in der That eine Aera der Säbelwirthschaft, die man auch als Periode der römischen Kaiser (Cäsaren) kennt. Die Historiker des Despotismus behaupten, die Cäsaren oder Kaiser Roms hätten wenigstens für „Ordnung" gesorgt; das ist aber eine freche Lüge. Denn bei der oberflächlichsten Durchsicht der Thatsachen, welche sich in der fraglichen Geschichtsepoche abspielten, drängt sich jedem Unbefangenen die Ueberzeugung auf, daß diese Cäsaren überhaupt nicht die endgültig maßgebenden Faktoren waren, sondern lediglich Automaten, mit denen die Prätorianer nach Belieben operirten. Sie wurden in der Regel einfach todtgeschlagen, wenn sie der Soldateska nicht zu Willen waren. Daher ist die Geschichte der römischen Kaiser eine richtige Räuber- und Mordgeschichte. Oft standen sich zwei, drei und mehrere Generäle feindlich gegenüber und suchten sich den Thron streitig zu machen; und wer am besten mit Söldlingen versehen war, der trug den Sieg davon. Man kann sich also leicht vorstellen, was da für eine Ordnung herrschte. Wenn trotzdem der Staat noch Jahrhunderte lang leben blieb, so kam dies nur daher, weil nirgends ein Volk existirte, das genügend organisirt gewesen wäre, um Roms Zertrümmerung zu bewerkstelligen. Als jedoch die Gothen, halbkultivirt und urwüchsig, wie sie waren, mit voller Kraft ihre Stöße gegen das Weltreich führten, da flog es auch in Scherben. Von Innen heraus war Rom nicht mehr zu heilen, sobald es beim Cäsarismus angekommen war; denn der Umstand, daß sich dieser einnisten konnte, bezeugte, daß die Bevölkerung um alle Energie gekommen und geistig bankerott geworden war. Die Reichen wurden im Schlamme der Genüsse mehr und mehr zu Idioten, die Armen verfielen dem Pessimismus. Zu allem Ueberflusse entstand nun auch noch ein Religionssystem, das die Welt als „Jammerthal" schmähte und nach dem Tode des Menschen — vorausgesetzt, daß er als richtiger Knecht sich sein Leben lang geduldig schuhriegeln ließ, widrigenfalls ihm auch noch im „Jenseits" eine „ewige" Maltraitirung bevorstand — ein Dasein voller Freuden bei Harfenton und Massengesang in Aussicht stellte. An diesen Strohhalm klammerten sich die Armen und Elenden an! Und leider hat sich diese sonderbare Weltanschauung auch derjenigen bemächtigt, welche die Erbschaft Roms antraten. Aus diesem Grunde konnte aus den Trümmern des Weltreichs keine gesunde Gesellschaft erstehen, sondern nur jene traurige sociale Mißgeburt, die in der tausendjährigen Geistesmacht des Mittelalters ihr klägliches Dasein fristete, und die — der gewaltigen Anstrengungen ungeachtet, welche in der neueren Zeit zu ihrer Ausmerzung schon gemacht wurden — noch immer mit ihren abgelagerten faulen Früchten die Welt verpestet. Mögen sich die Völker das Schicksal Roms zur Warnung dienen lassen; mögen sie an ihre Regeneration denken, so lange sie noch die Kraft dazu besitzen; und mögen sie auch bei Zeiten darauf bedacht sein, an die Stelle verrotteter Einrichtungen völlig neue und lebensfähige zu setzen! Denn entweder findet mit der modernen Gesellschaft bald eine radikale Umgestaltung statt, oder sie verfällt dem Cäsarismus und geht unter!

Zeitfracht Medien GmbH
Ferdinand-Jühlke-Straße 7
99095 Erfurt, Deutschland
produktsicherheit@kolibri360.de